Ulrich Grasberger

Origami

Papierfalten für Groß und Klein

Bassermann

ISBN 978-3-8094-4485-5

2. Auflage

Projektleitung: Dr. Iris Hahner
Konzeption, Text, Illustration und Realisation: Medienprojekte, München Umschlaggestaltung: Atelier Versen, Bad Aibling
Herstellung: Elke Cramer

Druck und Bindung: PBtisk, a.s., Pribram
Printed in the Czech Republic

FSC www.fsc.org MIX Papier | Fördert gute Waldnutzung FSC® C004378

Penguin Random House Verlagsgruppe FSC® N001967

67429400213

Origami kunst

Das Wort Origami kommt aus der japanischen Sprache und bedeutet sinngemäß die Kunst des Papierfaltens (ori ist gleich falten und kami heißt Papier, das sich zu gami verwandelt, wenn man es mit ori verbindet). Traditionell versteht man unter Origami das Gestalten von Figuren aus einem meist quadratischen Stück Papier, ohne dieses zu schneiden oder Klebstoff zu verwenden. Die gefaltete Figur kann ganz individuell gestaltet werden und beispielsweise mit Wackelaugen, Flügeln oder anderem beklebt werden sowie mit Augen, Nase oder Mund bemalt werden. Da gibt es keine feste Regeln. Erlaubt ist, was gefällt.

Origami-Modelle, wie der Kranich, gehören zum traditionellen Origami, das über Generationen hinweg weitergegeben wurde. Vor bereits 2000 Jahren ist in China das Papier erfunden worden. 700 Jahre später war Papier auch in Japan bekannt und erst um 1200 ist das Wissen um die Papierherstellung nach Europa gekommen.
Japan ist das Land, das das »Papier falten« als Kultur und Kunstform entwickelt hat. Es gilt als das Ursprungsland des Origami.
Neben etwas Geschick und Freude am kreativen Gestalten ist Papier das Einzige was man für sein Origami braucht.

Bereits seit langem hat die Kunst des japanischen Origami Europa erobert. Origami wird gerne in Schulen, Kindergärten und Gruppen für pädagogische und therapeutische Zwecke eingesetzt, wo die konzentrationsfördernde und entspannende Wirkung des Origami genutzt wird.
Origami fördert bei Kindern, wie auch bei Erwachsenen spielerisch die kreativen künstlerischen Fähigkeiten und unterstützt das räumlich visuelle Begreifen sowie das mathematische und geometrische Verständnis.
Es ist ein schönes und befriedigendes Gefühl, wenn aus der Idee und der Geschicklichkeit der Hände aus einem Blatt Papier eine Figur entsteht. Das Faszinierende an Origami ist, dass es nur eines Blattes Papier bedarf, etwas Zeit, Fingerfertigkeit und Kreativität und es entstehen wunderbare kleine Figuren und Kunstwerke, die unsere Seele erfreuen und die als Geschenk immer willkommen sind.

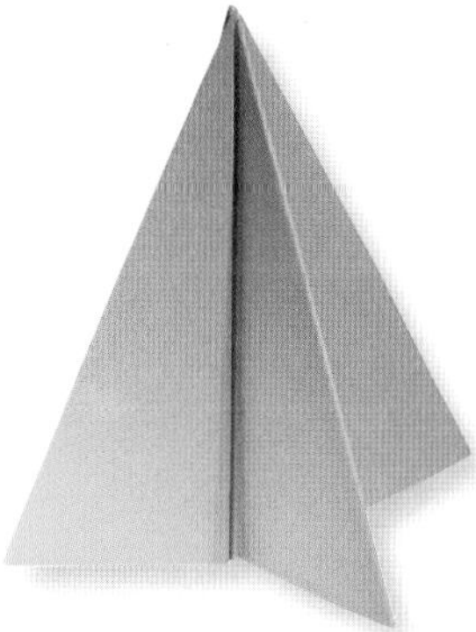

Origami Grundlagen

Papier

Am besten geeignet für die Origami-Faltungen ist originales Origami-Papier. Dieses Papier lässt sich gut falten, ist dünn und hat eine feste Qualität und ist auch bereits auf die quadratische Ausgangsform zugeschnitten. Anfänger wie auch Könner erzielen deshalb mit speziellem Origami-Papier beste Ergebnisse.

Grundsätzlich kann man auch mit anderem Papier experimentieren. Trauen Sie sich einfach und machen Sie Ihre eigenen Erfahrungen. Einige Punkte sind aber erwähnenswert. Dünnes Papier, das aber trotzdem fest genug ist und sich gut falten lässt, ist dabei eine gute Wahl.
Kopier-und Druckerpapier mit einem Gewicht von 80 oder 90 g kann verwendet werden.
Mit farbigem Tonpapier kann man bei einigen Figuren besondere Effekte erzielen, auch wenn das Falten damit etwas schwieriger ist. Eine Variante ist auch Geschenkpapier.
Für besondere Modelle können Sie Ihr Papier auch farbenfroh gestalten – vielleicht mit Buntstiften, Klebepunkten oder Wachsmalkreiden.

Für einige wenige Figuren ist rechteckiges Papier erforderlich. Sie können dazu Origami-Papier beschneiden oder Druckerpapier verwenden.

Quadrate aus Rechtecken

Origami-Faltanleitungen gehen normalerweise von einem quadratischen Vorlagenpapier aus. Wie aber entsteht ohne weitere Hilfsmittel, wie Winkel und Lineal, aus einem rechteckigen Papier, beispielsweise einem Geldschein, ein Quadrat? Falten Sie dafür die Ecke an der breiten, also kürzeren Seite Ihres Rechtecks zur langen Längskante. Der gefaltete Teil des Papiers wird so zum Quadrat, während der Rest abgeschnitten oder beim Geldschein eingefaltet werden kann.

Falten

Beim Falten gibt es keine Vorgaben. Viele basteln freihändig und andere brauchen eine feste Unterlage. Anfängern empfehlen wir allerdings, auf einem Tisch zu beginnen, weil so ein genaueres Falten und Arbeiten möglich ist. Besonders wenn die Modelle es erfordern, dass die Falze mit dem Fingernagel nachgezogen werden, ist eine Unterlage wichtig. Wie überall im Leben, macht auch hier Übung den Meister. Haben Sie also ein wenig Geduld!
Einige Figuren bauen auf identischen Grundformen auf, die Sie auf den folgenden Seiten finden. Aber schon nach kurzer Zeit werden Sie die Grundformen aus dem Kopf und ohne Anleitung nachfalten können.

Faltsymbole

Eine Übersicht der im Buch verwendeten Symbole.

Tipps

- Achten Sie stets darauf, wie das Papier zu halten ist.
- Falten Sie gerade und exakt, sodass die Ecken genau übereinanderliegen.
- Fahren Sie die Faltkante mit dem Zeigefinger nach.
- Achten Sie beim Falten immer auch auf den anschließenden Arbeitsschritt.
- Falten Sie am Besten auf einer festen, glatten Fläche.

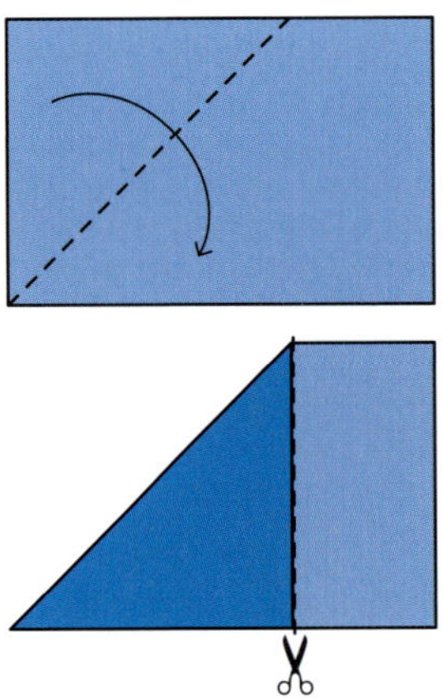

Vom Rechteck zum Quadrat
Falten Sie eine Diagonale und schneiden Sie den Überstand ab, bzw. schlagen Sie diesen ein.

Papierkante
Die Papierkanten werden als durchgezogene Linien dargestellt.

Vorhandene Falze
Bereits vorhandene Falze werden als feine Linien dargestellt.

Talfalte
Das Papier wird nach innen gefaltet. Die Faltlinie zeigt, wo der neue Falz entsteht.

Bergfalte
Das Papier wird nach hinten weg gefaltet.

Hilfslinie
Gepunktete Linien werden verwendet, um verborgene oder gedachte Linien darzustellen.

Pfeile bei Talfalten
Sie zeigen die Richtung an, in der gefaltet wird.

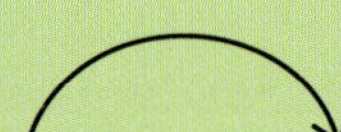

Pfeile bei Bergfalten
Sie zeigen die Richtung an, in der gefaltet wird.

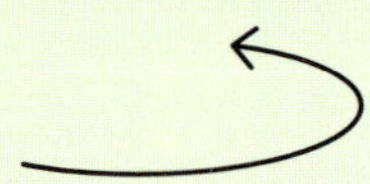

Falten und wieder entfalten Das ist nötig, um eine Faltlinie herzustellen.	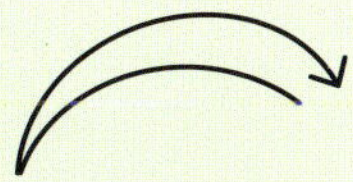
Figur umdrehen Das Modell wenden und dann weiter arbeiten.	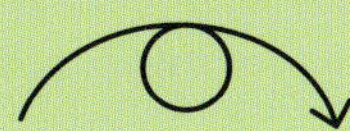
Pfeil Zeigt eine bestimmte Stelle, die im Text erwähnt wird.	
Schere Schneiden Sie an der gestrichelten Linie.	
Punkt Ein Kreis weist auf einen bestimmten Teil einer Abbildung hin, die im Text erwähnt wird.	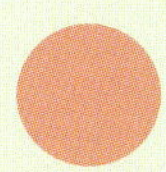
Farben Unterschiedliche Farben werden eingesetzt um eine Papierseite von der anderen zu unterscheiden. dunkel = Papier liegt vorne, hell= Papier liegt hinten.	

Schnellübersicht

Zur schnellen Orientierung finden Sie bei jedem Faltmodell einen Infokasten, in dem Sie alle wichtigen Punkte auf einen Blick sehen können.

Welche Hinweise gibt es für das Papier?

Ab wie viele Jahren ist das Faltmodell geeignet?

Ist das Origamiprojekt eher schwer, mittel oder leicht zu falten?

Wie viel Zeit wird dafür gebraucht?

Grundformen

Buch
Die einfachste Faltform aus dem Quadrat oder Rechteck nennt man Buch. Sie entsteht, wenn man zwei sich gegenüberliegende Kanten aufeinanderfaltet. Der Bruch, der so in der Mitte entsteht, heißt Mittelbruch

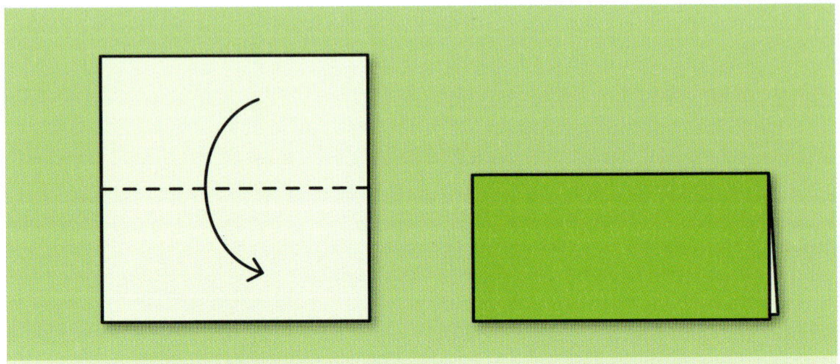

Schrank
Diese Grundform entsteht, wenn man gegenüberliegende Kanten aufeinanderfaltet. Der Bruch, der in der Mitte entsteht, heißt Mittelbruch

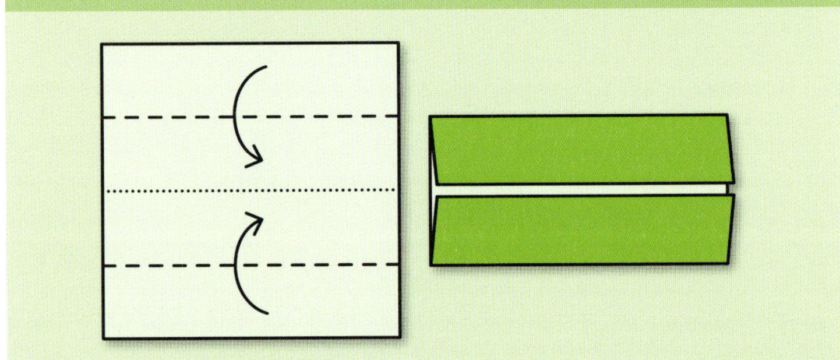

Euroviereck
Wollen Sie als besondere Variante für ein Origami einen Geldschein als Papier verwenden, werden meist annähernde Quadrate als Ausgangsform gebraucht.

Kopftuch
Die Ausgangsform ist ein Quadrat. Bei dieser Form werden die Ecken diagonal zur Deckung gebracht.

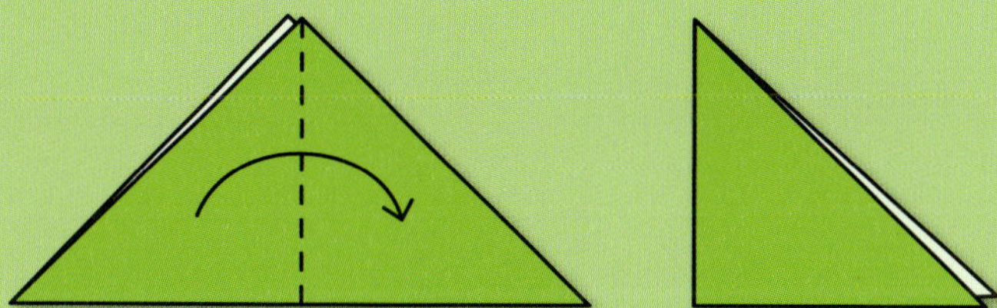

Zelt

Das Kopftuch von oben wird noch einmal über die Ecken diagonal gefaltet.

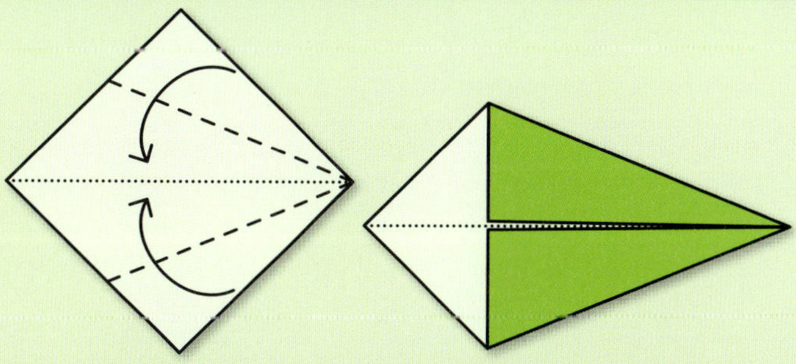

Drachen

Zunächst das Kopftuch falten und wieder entfalten. Dann die beiden Seitenflügel zum Diagonalbruch falten.

Brief

Beide Diagonal- oder Mittelbrüche falten und wieder entfalten. Dann alle vier Ecken zum Mittelpunkt falten.

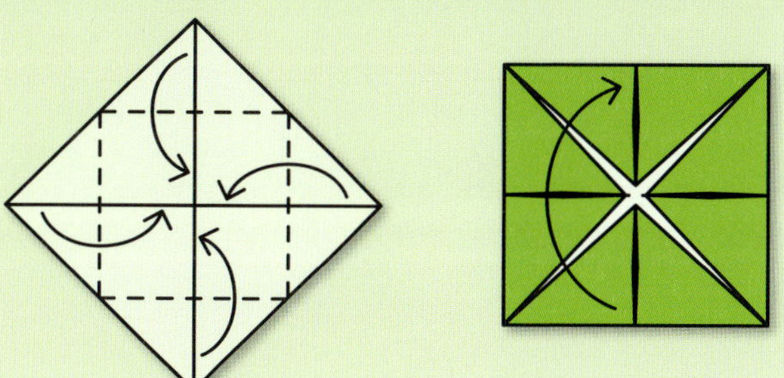

Doppelbrief

Den Brief falten und anschließend wenden. Danach nochmals den Brief falten.

**Zusammen-
geschobenes Dreieck**
Falten- und entfalten Sie beide Mittelbrüche. Dann wenden Sie und falten und entfalten Sie beide Diagonalbrüche.
Nun fassen Sie die zwei gegenüberliegenden Kanten in der Mitte und schieben diese zum Dreieck zusammen.

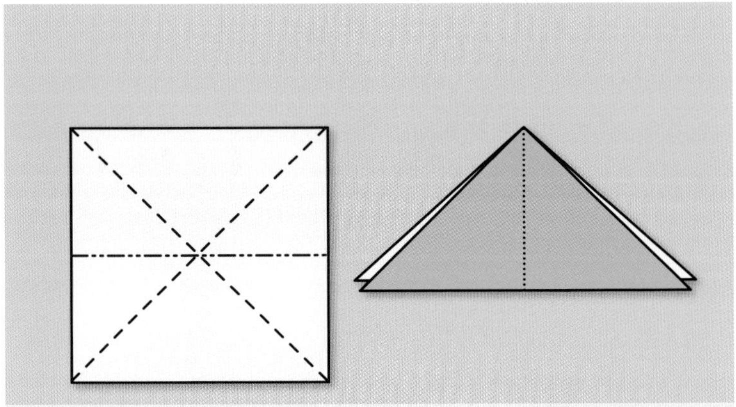

**Zusammen-
geschobenes Quadrat**
Falten und entfalten Sie beide Diagonalbrüche. Wenden Sie die Form. Falten und entfalten Sie beide Mittelbrüche. Fassen Sie das Blatt an zwei gegenüberliegenden Ecken und führen diese in der Mitte zusammen. So schiebt es sich fast von selbst zum Quadrat zusammen.

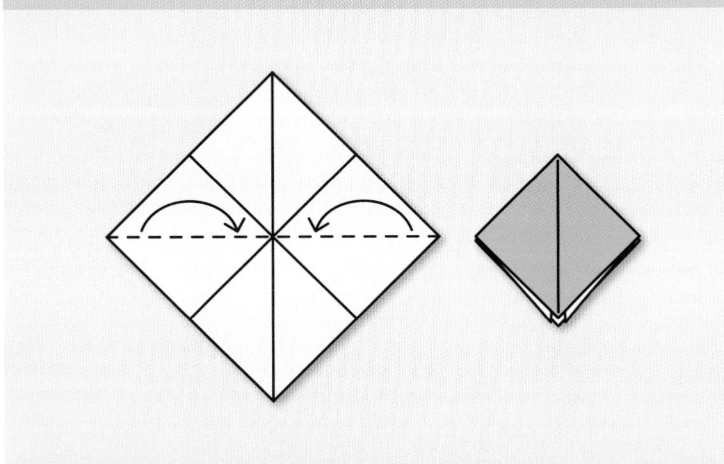

Gegenbruch
Falten Sie die Form am Bruch vor. Die Ecke nun vorsichtig zwischen die Papierlagen drücken. Beim hier abgebildeten doppelten Gegenbruch, den zweiten Bruch vorfalten und die Spitze zwischen den Papierlagen nach außen ziehen.

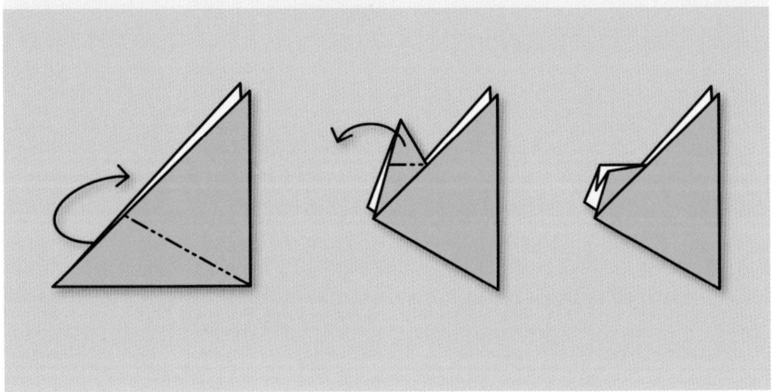

Schwanen tanz

Der Schwan ist eine der bekanntesten Figuren im Origami. Mit einem kürzer gefalteten Hals wird aus dem stolzen und wunderschönen Schwan auch ein kleines Entlein. Ein blaues Papier als Unterlage lässt zusätzlich einen Teich entstehen.

- quadratisches Papier
- ab 10 Jahren
- schwer
- 10 Minuten

So wird der Schwan gefaltet:

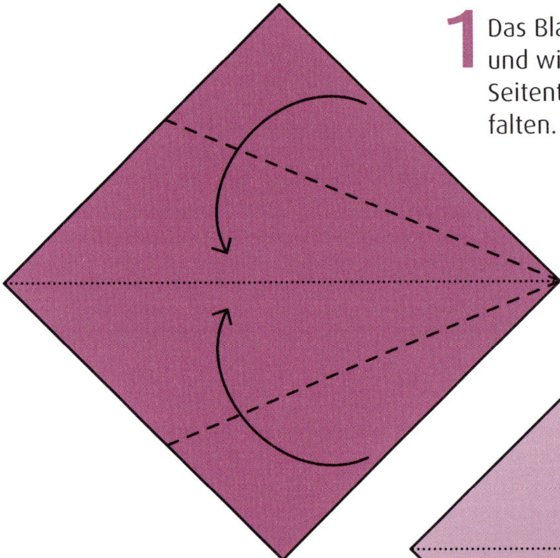

1 Das Blatt diagonal falten und wieder öffnen. Beide Seitenteile zur Mitte hin falten.

2 Das Papier sieht nun wie ein Drachen aus. Drehen Sie die Form.

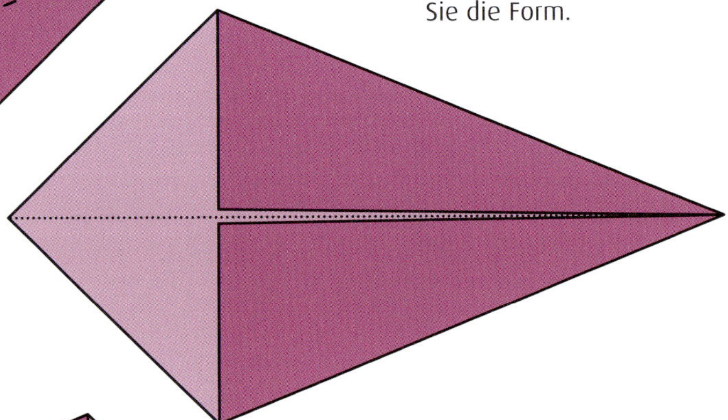

3 Falten Sie beiden Seitenteile wieder zur Mitte mit der Spitze zur Mittelfalz, wie abgebildet.

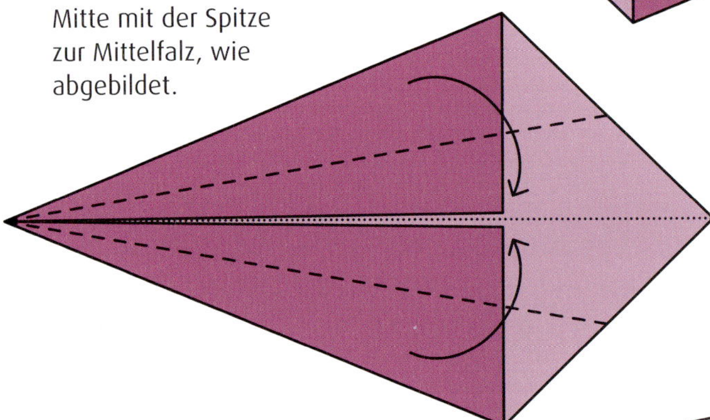

4 Die linke Spitze in der Hälfte nach rechts falten.

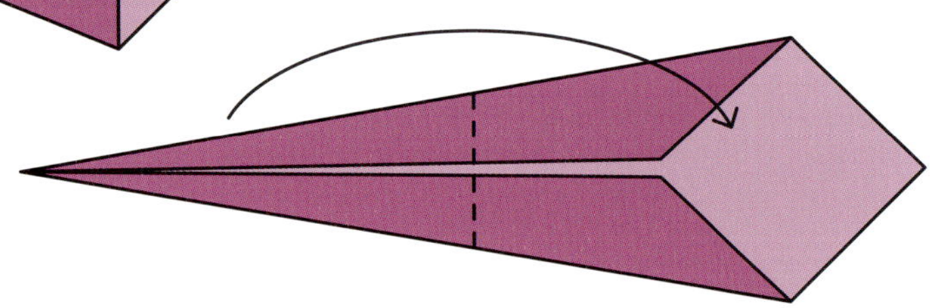

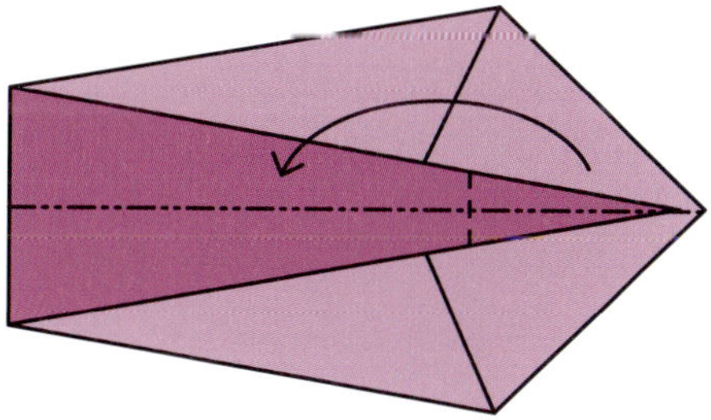

5 Die Kleine Spitze, wie auf der Zeichnung ersichtlich, gegenfalten. Dies wird der Kopf des Schwans.

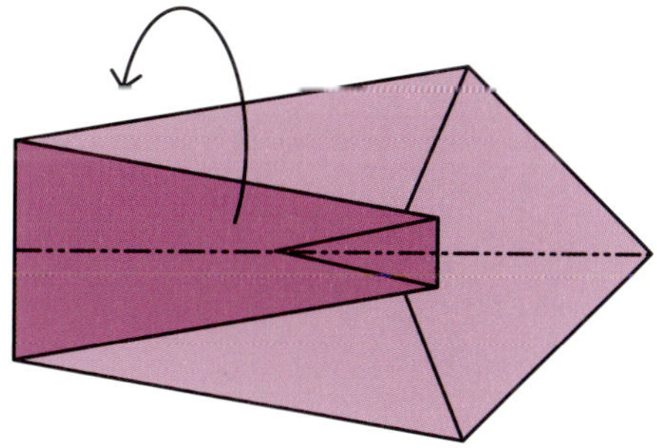

6 Die Faltfigur mit einer Bergfalz nach hinten umknicken.

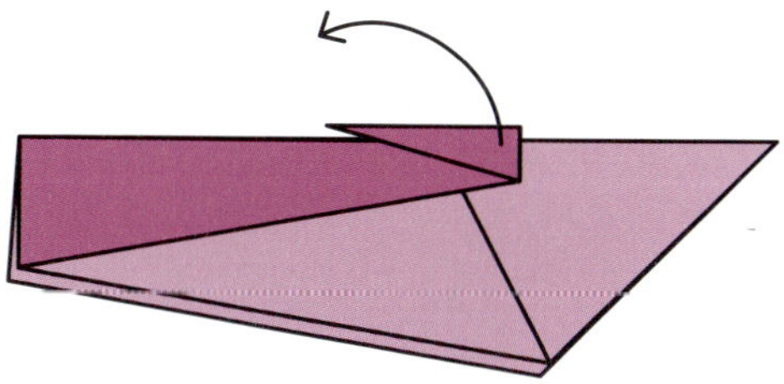

7 Um Kopf und Hals weiter auszuarbeiten, die Spitze vorsichtig nach links hochziehen.

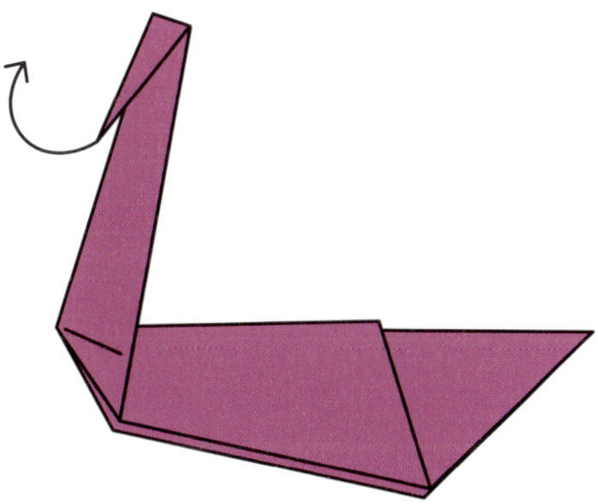

8 Mit der gleichen Technik falten Sie den Schnabel nach oben.

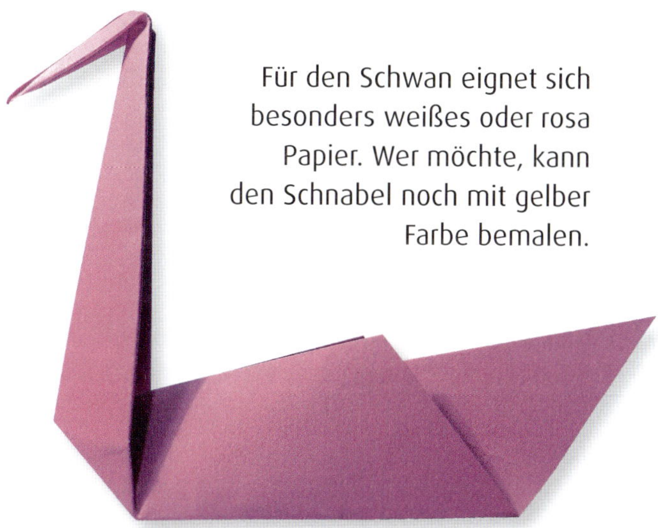

Für den Schwan eignet sich besonders weißes oder rosa Papier. Wer möchte, kann den Schnabel noch mit gelber Farbe bemalen.

Kleine Motte

Wird die Motte mit einem braunen Papier gefaltet – und die Unterseite mit Buntstiften dunkelbraun bemalt, verstärkt sich der dreidimensionale Effekt und lässt das Insekt besonders realistisch erscheinen.

- quadratisches Papier
- ab 4 Jahren
- leicht
- 3 Minuten

So wird die Motte gefaltet:

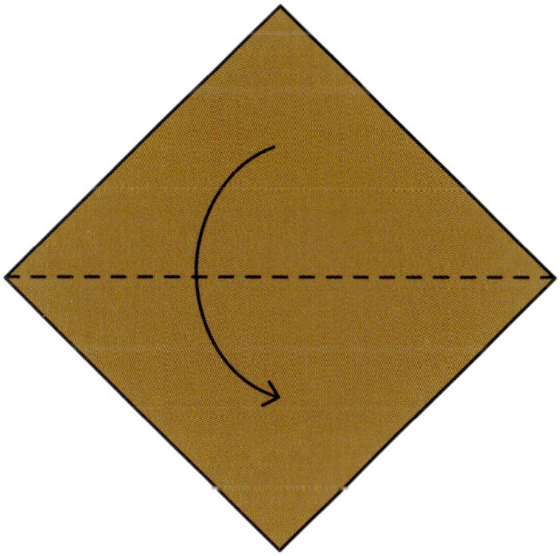

1 Mit einer Talfalte das Blatt von oben nach unten diagonal falten.

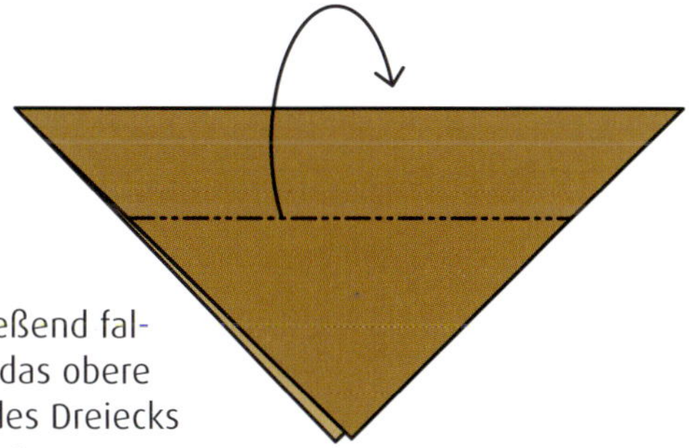

2 Anschließend falten Sie das obere Drittel des Dreiecks nach hinten.

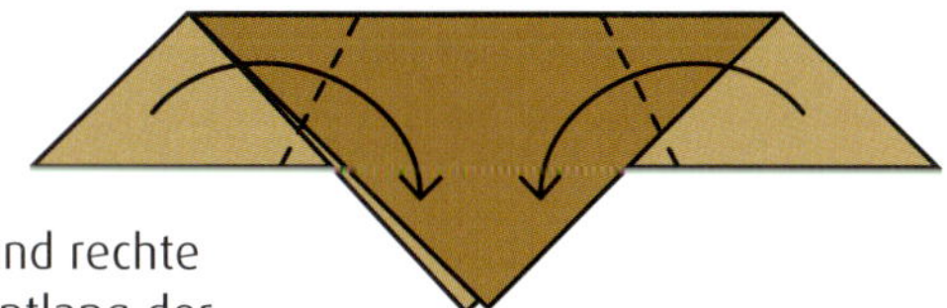

3 Linke und rechte Seite entlang der gestrichelten Linie nach unten falten, sodass die Spitzen sich in der Mitte berühren.

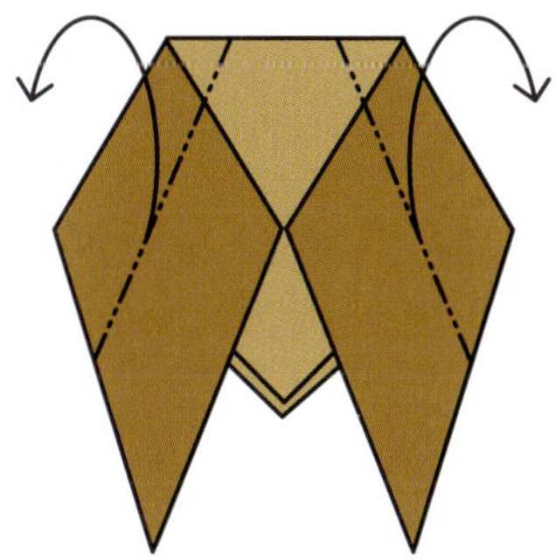

4 Die linke und rechte Seite entlang der gestrichelten Linie nach hinten falten.

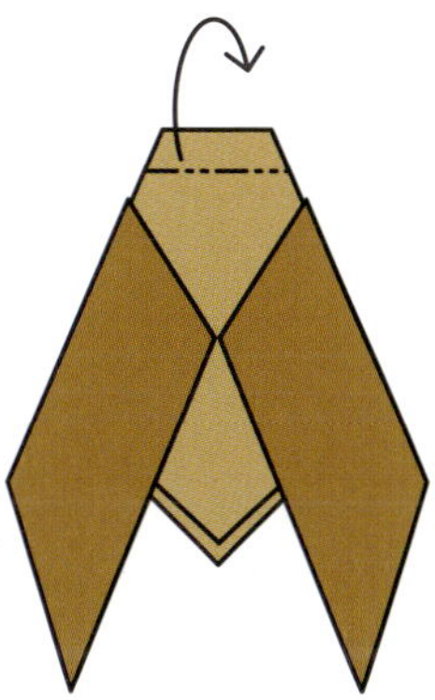

5 Für den Kopf den vorderen Teil nach hinten umfalten.

An der fertigen Motte können Sie die Flügel aufklappen oder eng am Körper belassen.

Kranich flug

Der Kranich ist wahrscheinlich das meist gefaltete Origami-Modell. In Japan gilt der Kranich als ein Symbol für ein langes und glückliches Leben. Eine alte Legende besagt, dass derjenige, der 1000 Origami-Kraniche faltet, von den Göttern einen Wunsch erfüllt bekommt.

quadratisches Papier

ab 10 Jahren

schwer

10 Minuten

So wird der Kranich gefaltet:

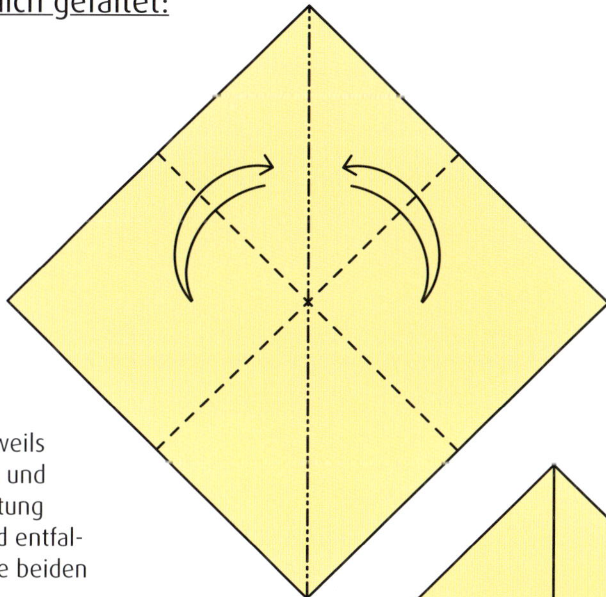

1 Falten Sie in der Senkrechten und Waagerechten jeweils einen Mittelbruch und öffnen Sie die Faltung wieder. Falten und entfalten Sie ebenso die beiden Diagonalbrüche.

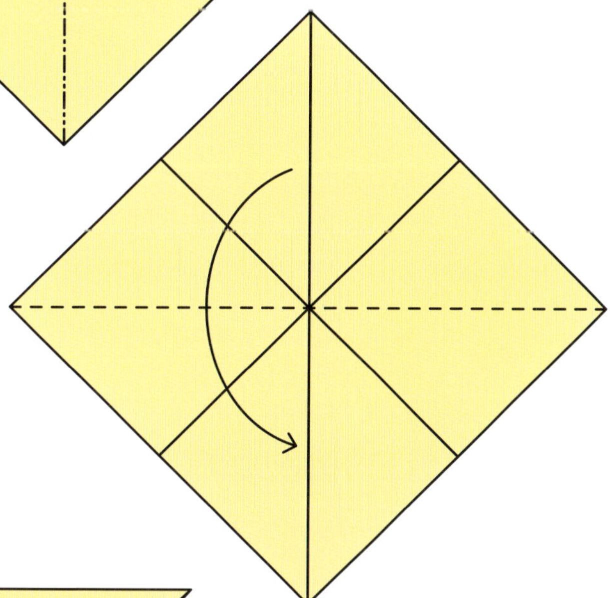

2 Legen Sie das Blatt so vor sich, dass eine Spitze nach unten zeigt. Falten Sie jetzt die obere Spitze auf die untere.

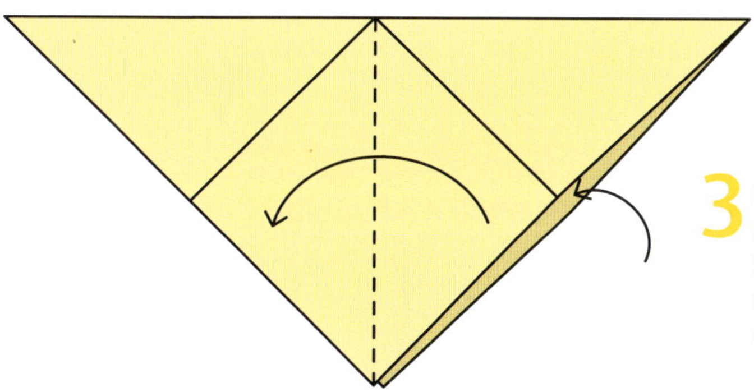

3 Falten Sie die rechte Spitze nach innen zur unteren Spitze und schlagen Sie den entstandenen Flügel nach links um.

Weiter geht es mit dem Kranich

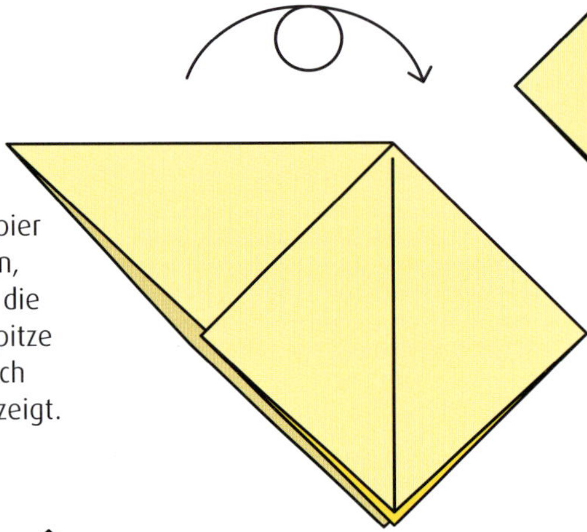

4 Das Papier wenden, sodass die linke Spitze nun nach rechts zeigt.

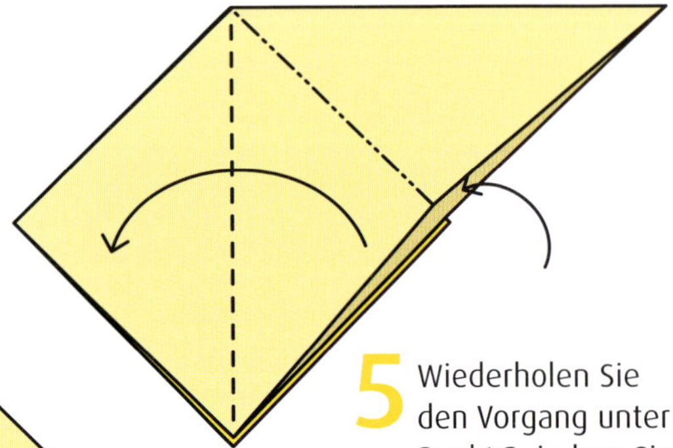

5 Wiederholen Sie den Vorgang unter Punkt 3, indem Sie die rechte Spitze nach innen zur unteren Spitze falten.

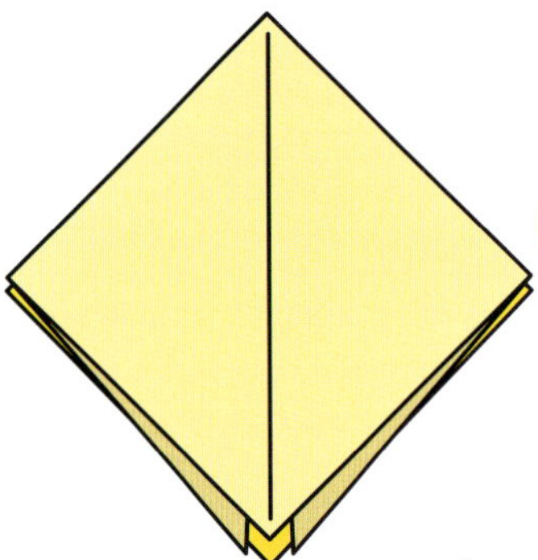

6 Die offenen Spitzen zeigen jetzt alle nach unten.

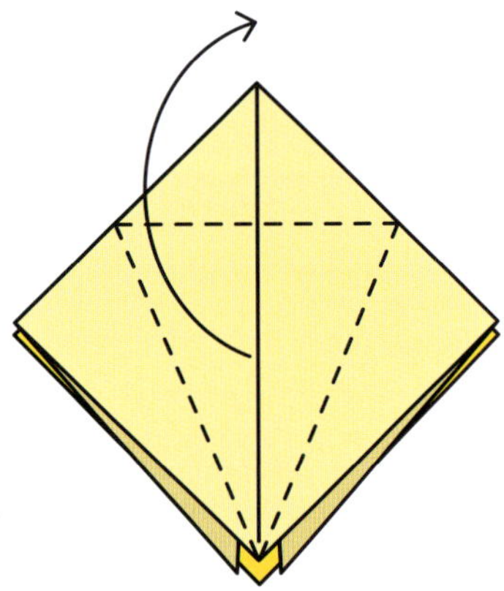

7 Falten Sie die rechte und linke Seite an der Mittellinie nach innen und öffnen Sie diese wieder. Falten Sie die obere Spitze an der gestrichelten Linie nach unten – wieder öffnen. Ziehen Sie jetzt vorsichtig die oberste Spitze von unten nach oben.

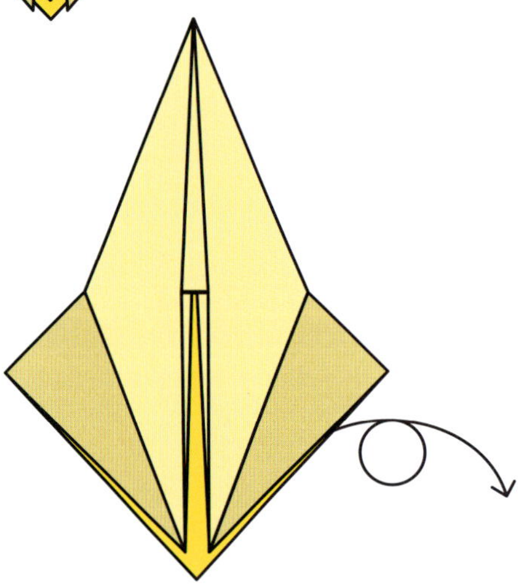

8 Die Form ergibt sich jetzt von selbst durch die vorhergehende Faltung. Wenden Sie die Arbeit und wiederholen Sie Schritt 7 auf der Rückseite.

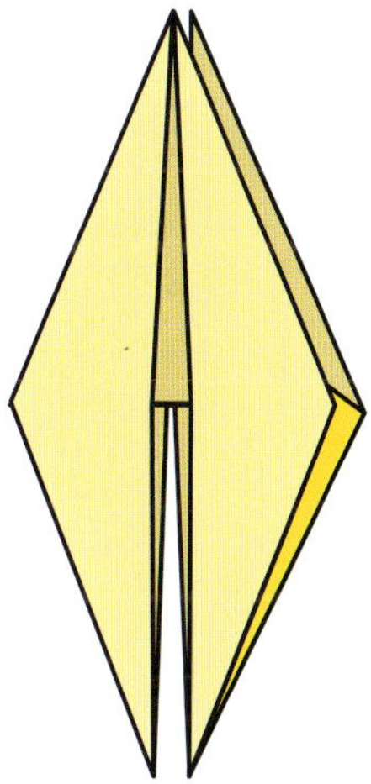

9 Die gespaltene Spitze liegt jetzt unten.

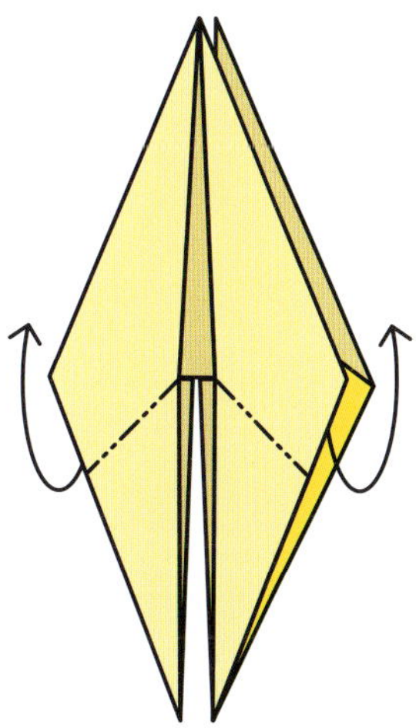

10 Falten Sie die beiden unteren Spitzen mit einem Gegenbruch nach oben. (Die Spitzen werden nicht nach hinten gefaltet, sondern zwischen die Flügel.)

11 Falten Sie die beiden Flügel nach unten. Falten Sie den Schnabel durch eine Gegenbruchfalte (das gefaltete Papier wird durch eine Tal- und anschließende Bergfalte ineinandergeschoben) nach innen. Wenn Sie jetzt an der hinteren unteren Ecke leicht ziehen, bewegen sich die Flügel.

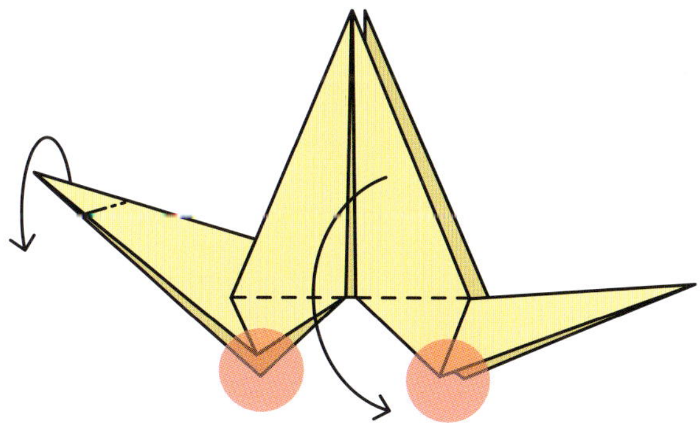

Der Kranich ist traditionell ein schöner Glücksbringer und als nettes Mitbringsel wunderbar geeignet.

Raben Treffen

Dieser stolze Rabe ist schon eine kleine Herausforderung für jeden Origami-Fan. Er kann sogar auf seinen zwei Beinen stehen. Besonders toll schauen die Raben mit einem schwarzen oder grauen Papier aus.

- quadratisches Papier
- ab 10 Jahren
- schwer
- 10 Minuten

So wird der Rabe gefaltet:

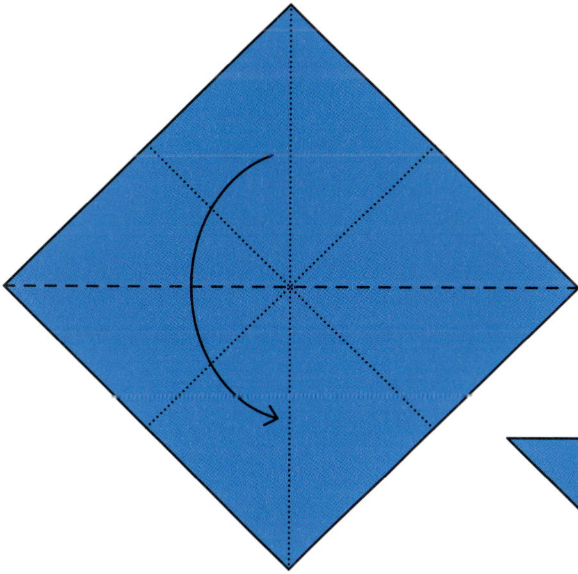

1 Falten und entfalten Sie das quadratische Papier einmal waagerecht und einmal senkrecht. Dann falten Sie das Papier mit einer Talfalz diagonal zu einem Kopftuch.

2 Falten Sie die rechte auf die linke Spitze und öffnen Sie die Faltung wieder. Schlagen Sie dann das rechte Dreieck mit einer Gegenbruchfalte nach innen ein.

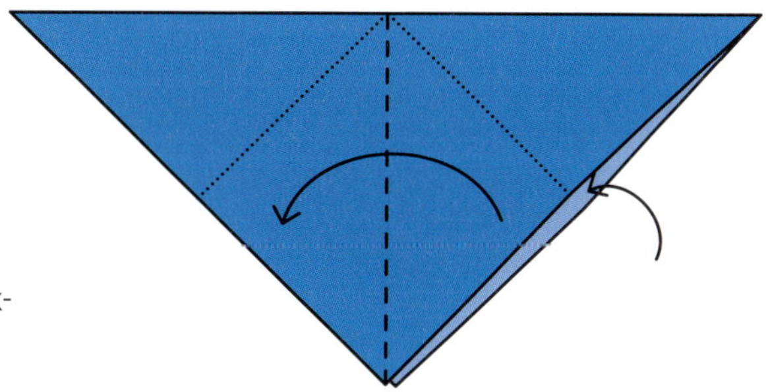

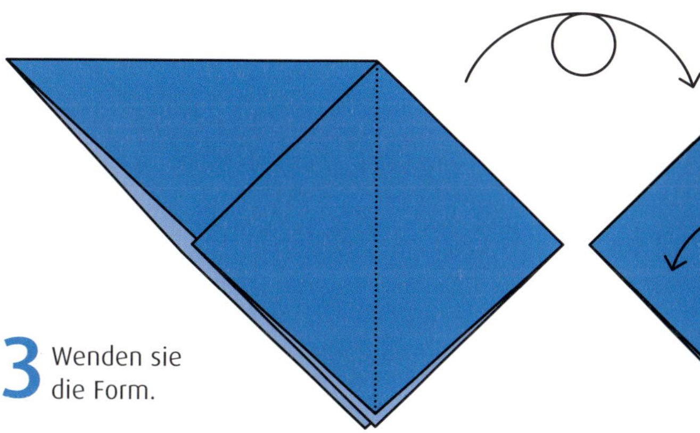

3 Wenden sie die Form.

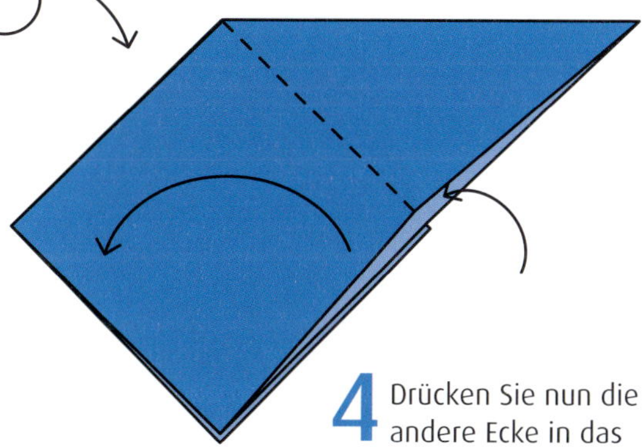

4 Drücken Sie nun die andere Ecke in das Quadrat.

Weiter geht es mit dem Raben

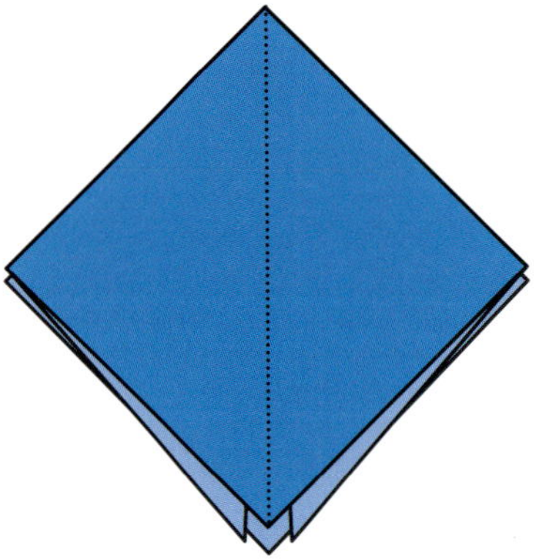

5 So sollte Ihre Form jetzt aussehen. Die offenen Spitzen zeigen nach unten. Diese Grundform wird auch zusammengeschobenes Quadrat genannt.

6 Falten und entfalten Sie die gestrichelten Linien. Wenn Sie jetzt die untere Spitze nach oben klappen, werden sich die beiden äußeren Spitzen entlang der Hilfslinien fast automatisch nach innen falten. Die Faltung ergibt eine Raute.

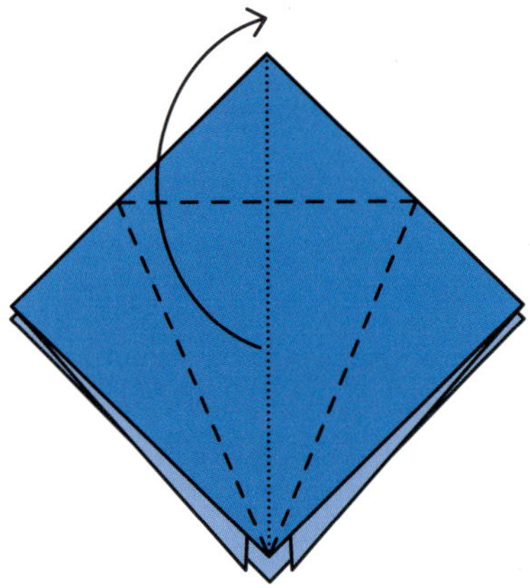

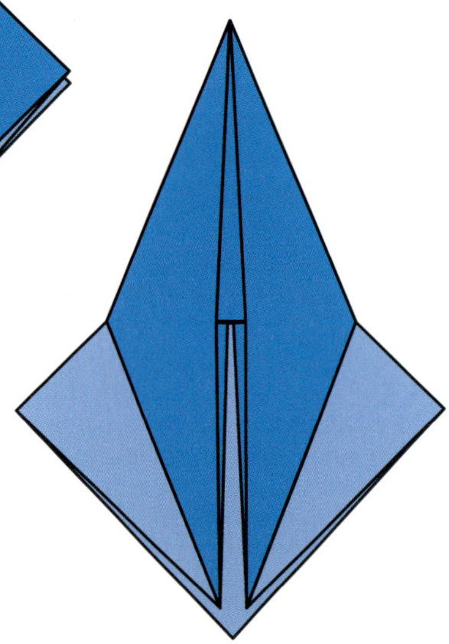

7 Verfahren Sie auf der Rückseite genauso wie im Punkt 6 beschrieben.

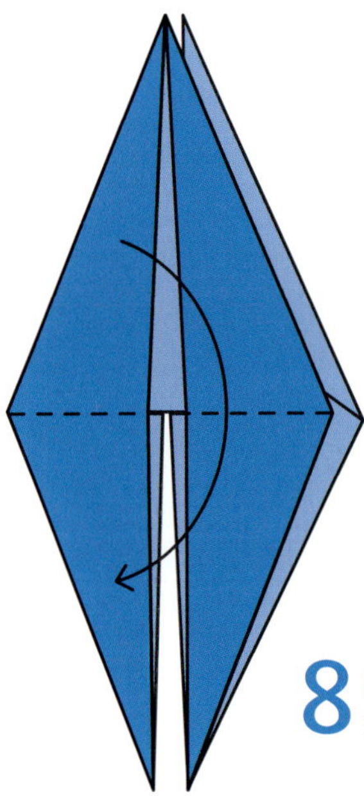

8 Falten Sie die obere vordere Spitze nach unten.

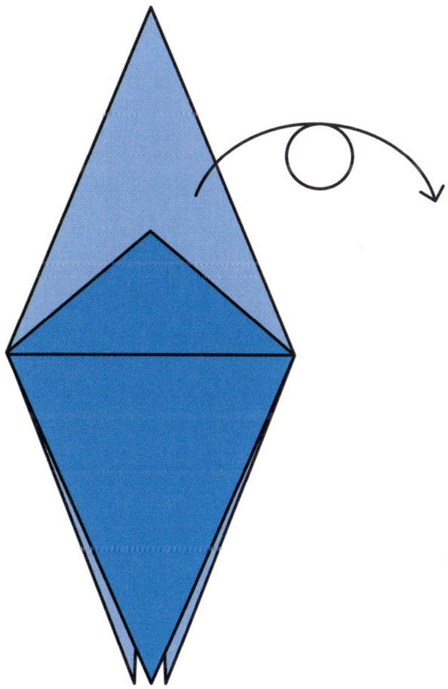

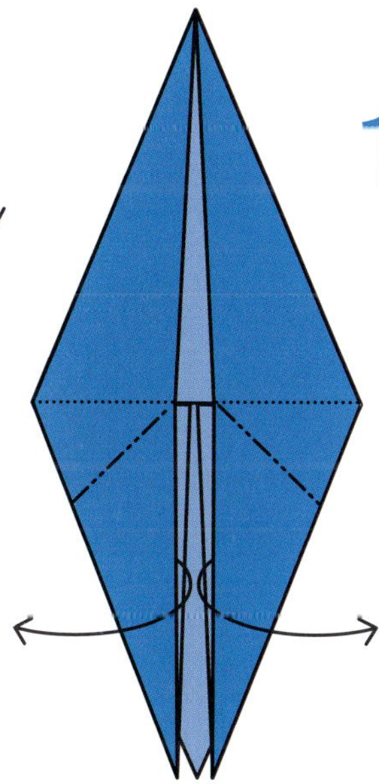

10 Falten Sie an der linken und rechten unteren Spitze an der gestrichelten Linie eine Gegenbruchfalte nach innen.

9 Wenden Sie die Form.

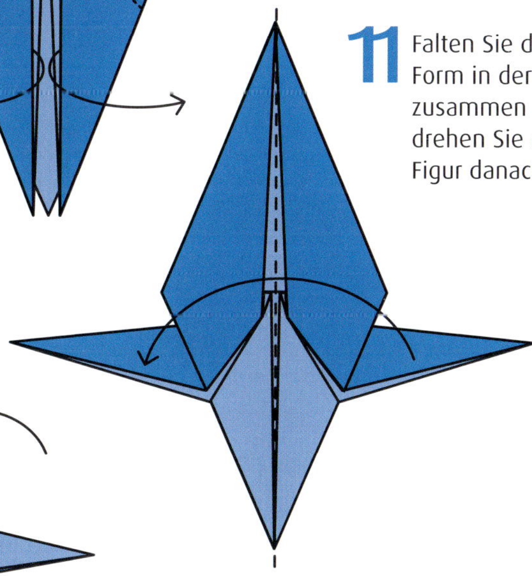

11 Falten Sie die Form in der Mitte zusammen und drehen Sie die Figur danach.

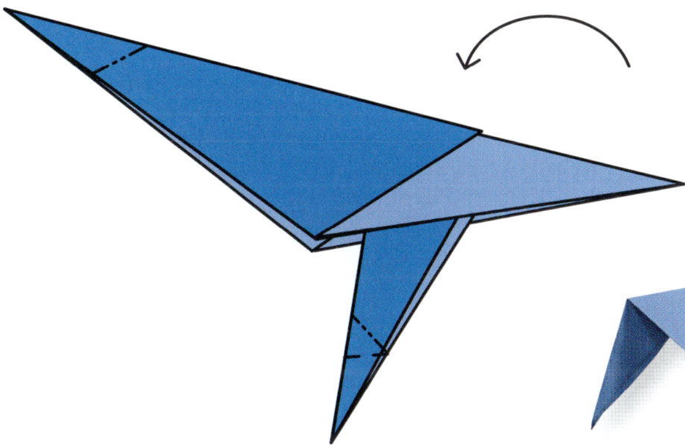

12 Formen Sie bei der linken oberen Spitze den Schnabel durch eine Gegenbruchfalte an der angegebenen Stelle nach innen aus. Die beiden Füßen formen Sie ebenfalls durch eine Gegenbruchfalte aus.

Tannen grün

Schön und dekorativ sind diese immergrünen Tannenbäume. Sie passen sehr gut in die Weihnachtszeit. Große und kleine Papierbäume ergeben einen ganzen Wald. Dazwischen haben gut ein Schwan und ein Rabe Platz.

- quadratisches Papier
- ab 5 Jahren
- mittel
- 5 Minuten

So wird die Tanne gefaltet:

1 Falten Sie in ein quadratisches Papier diese Hilfslinien in den Diagonalen und in der Wagerechten. Schieben Sie die beiden waagerechten Bergfalten mit einem Gegenbruch nach innen. Die Bergfalten werden so jeweils zu einer Talfalte.

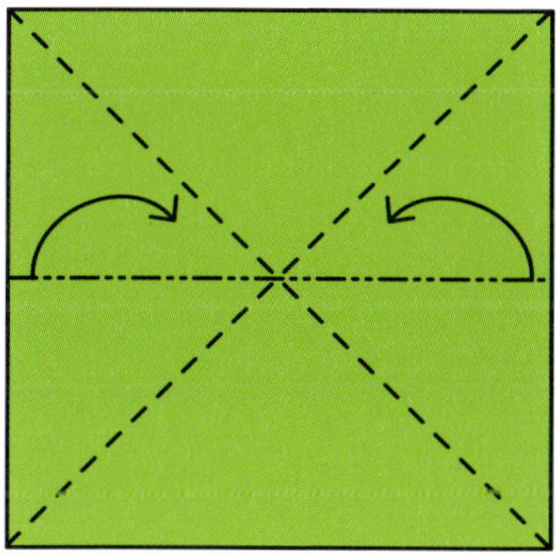

2 Falten und entfalten Sie jeweils die linke und die rechte Kante bis zum Mittelbruch. Schieben Sie den gewonnenen linken und rechten Falz mit einem Gegenbruch nach innen.

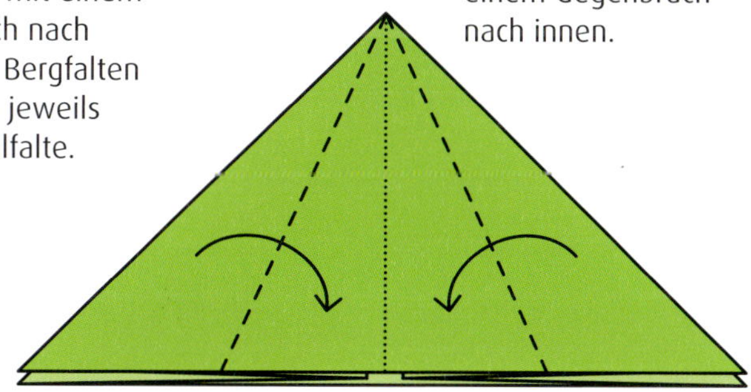

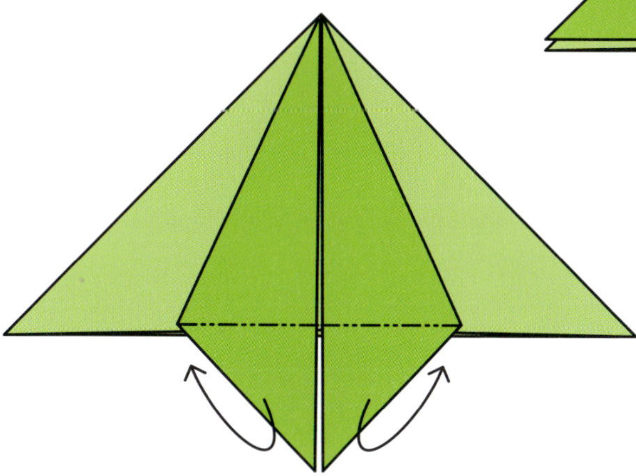

3 Schlagen Sie die dabei entstandenen unteren Ecken nach hinten in die Öffnung ein. Drehen Sie die Form und falten Sie Rückseite genauso. Ziehen Sie die Form etwas auf und schon steht der Baum.

Wenn man diese Figur mehrfach in verschiedenen Papiergrößen und Grüntönen faltet, ergibt sich ein kleiner Wald.

Blumen kelch

So wie sich die Blätter einer Blüte entfalten, so öffnet sich auch diese Origamiblume. Und im Blütenkelch hat ein kleines hübsches Geschenk Platz. Ein Zettel mit einer persönlichen Botschaft, eine Schokoladenpraline oder ein kleines Schmuckstück.

- quadratisches Papier
- ab 12 Jahren
- sehr schwer
- 10 Minuten

So wird der Blumenkelch gefaltet:

1 Falten und entfalten Sie das quadratische Papier in der Diagonalen in der Waagrechten und Senkrechten. Falten Sie das Papier diagonal entlang der gestrichelten Linie.

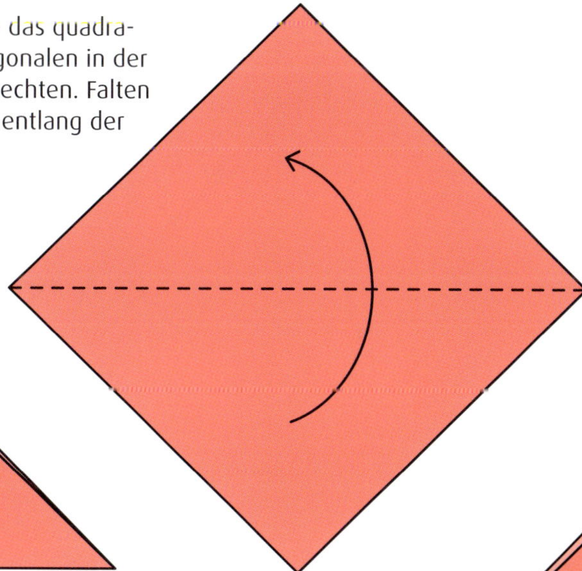

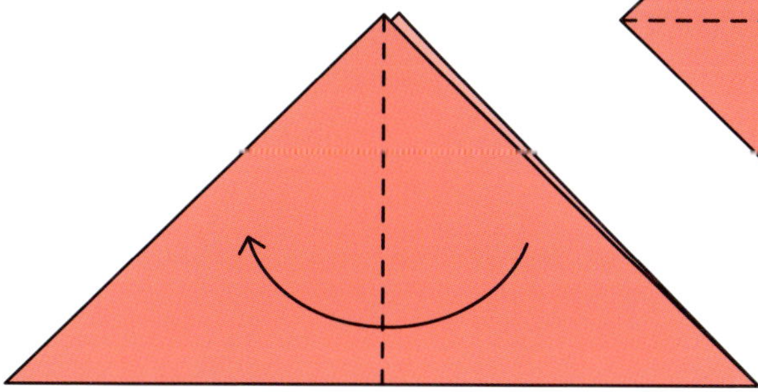

2 Falten und entfalten Sie die rechte auf die linke Spitze.

3 Falten und entfalten Sie die Form in der Mitte.

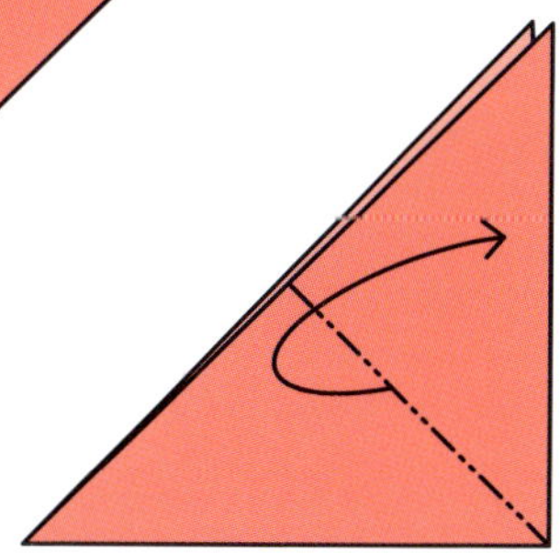

4 Schieben Sie das linke Dreieck über die Falzlinien in das Quadrat.

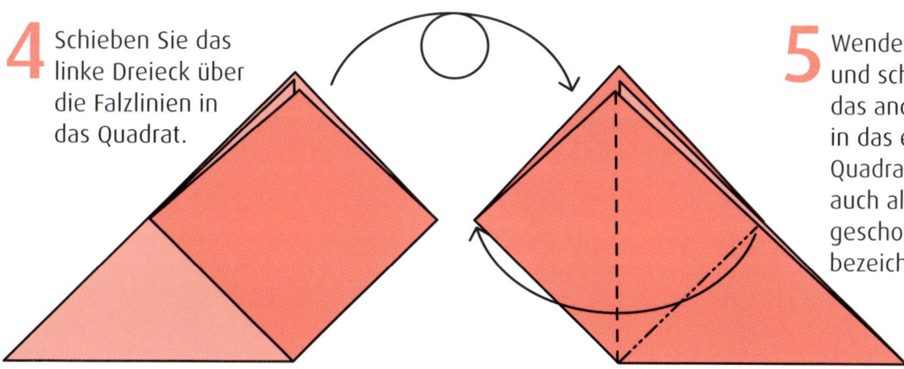

5 Wenden Sie die Form und schieben nun auch das andere Dreieck in das entstandene Quadrat. Dieses wird auch als zusammengeschobenes Quadrat bezeichnet.

Weiter geht es mit dem Blumenkelch:

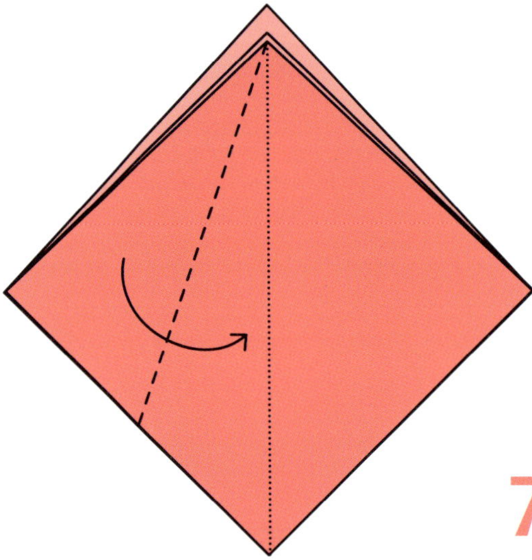

6 Falten Sie die obere Ecke über die gestrichelte Linie zum diagonalen Mittelbruch.

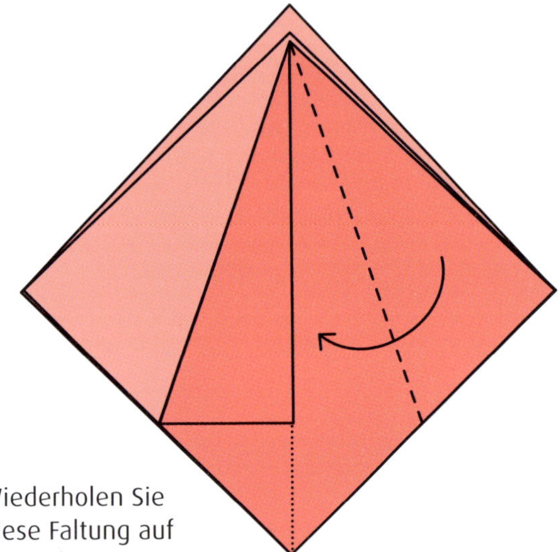

7 Wiederholen Sie diese Faltung auf der rechten Seite.

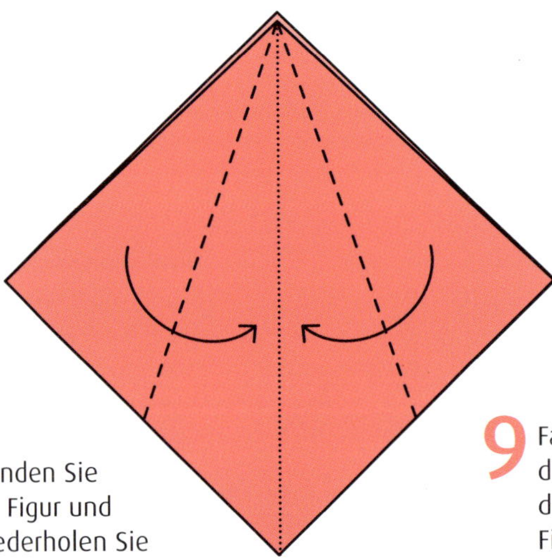

8 Wenden Sie die Figur und wiederholen Sie die Faltungen.

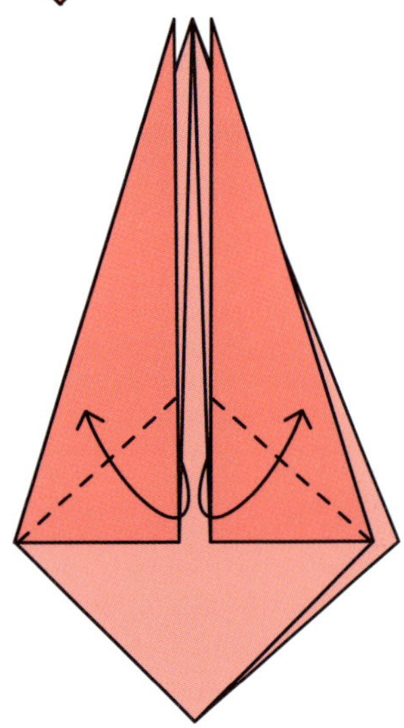

9 Falten Sie die linke und rechte Ecke entlang der gestrichelten Linie nach oben. Öffnen Sie diese Faltung wieder und drücken Sie mit dem Finger entlang der Falze der Dreiecke die Tüten auf. Wenden Sie die Form und wiederholen Sie den Vorgang auf der Rückseite.

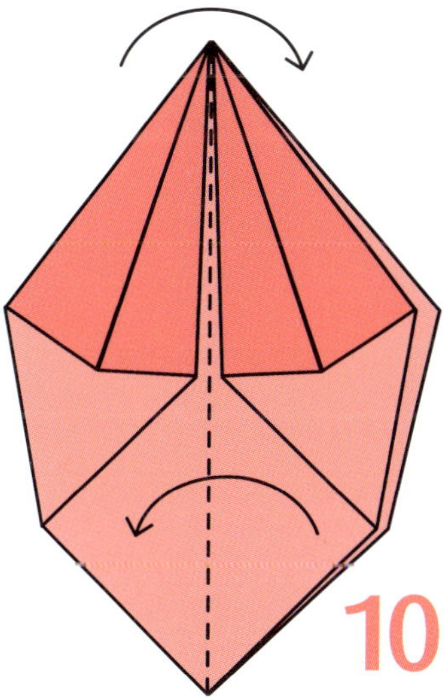

10 Blättern Sie nun die Form wie in einem Buch weiter. Falten Sie den rechten Flügel auf den linken und auf der Rückseite den linken Flügel auf den rechten.

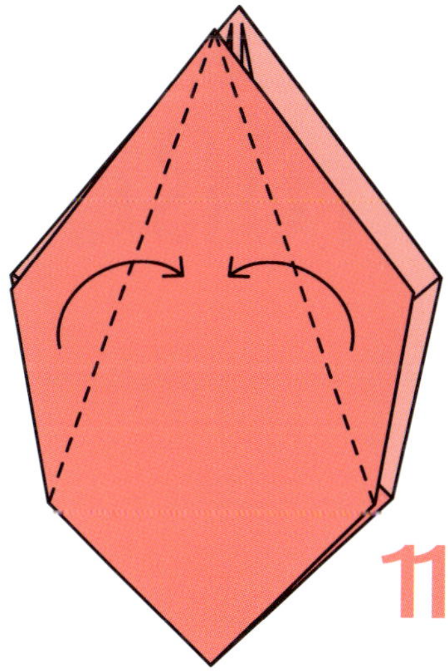

11 Falten Sie nun hinten und vorne die Ecken auf den Mittelbruch.

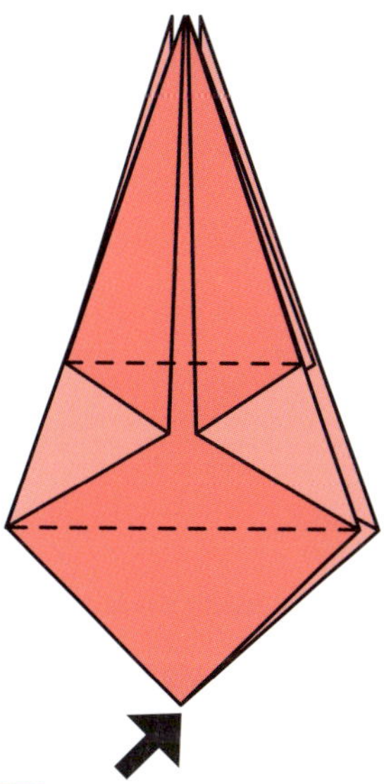

12 Falten Sie nun jeden der Flügel einzeln nach außen. Ziehen Sie den nun sichtbaren Kelch auseinander und formen Sie das Gefäß vorsichtig aus.

Verpacken Sie in diesem Blütenkelch kleine Geschenke.

Tulpen grüße

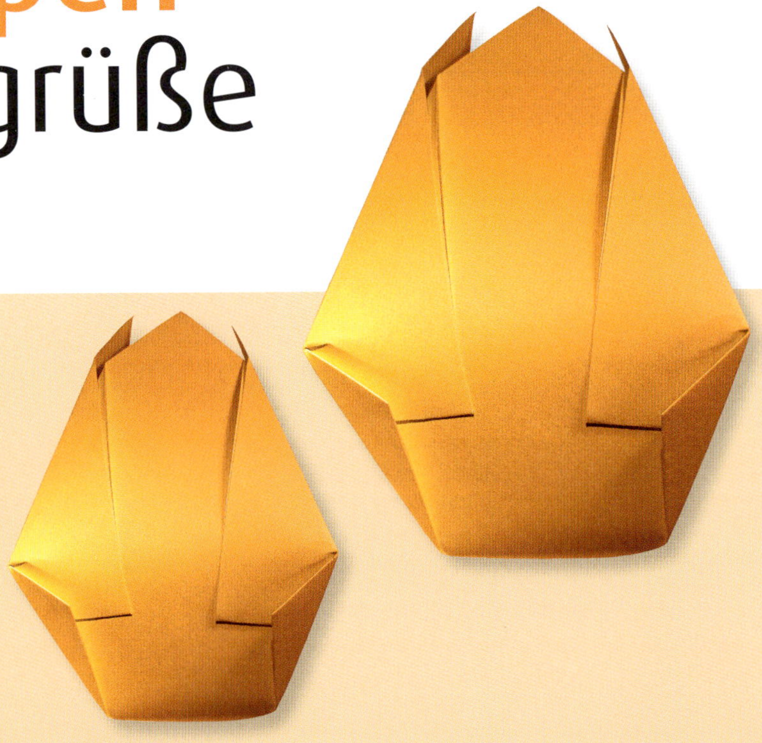

Mehrere Tulpen gefaltet aus verschiedenen farbigen Blättern ergeben einen bunten Frühlingsstrauß. Und dieser Tulpenstrauß blüht auch mitten im Winter und verbreitet Freude. Mit jeweils einem Tropfen ätherischem Öl duften die Tulpen sogar.

- quadratisches Papier
- ab 10 Jahren
- schwer
- 6 Minuten

So wird die Tulpe gefaltet:

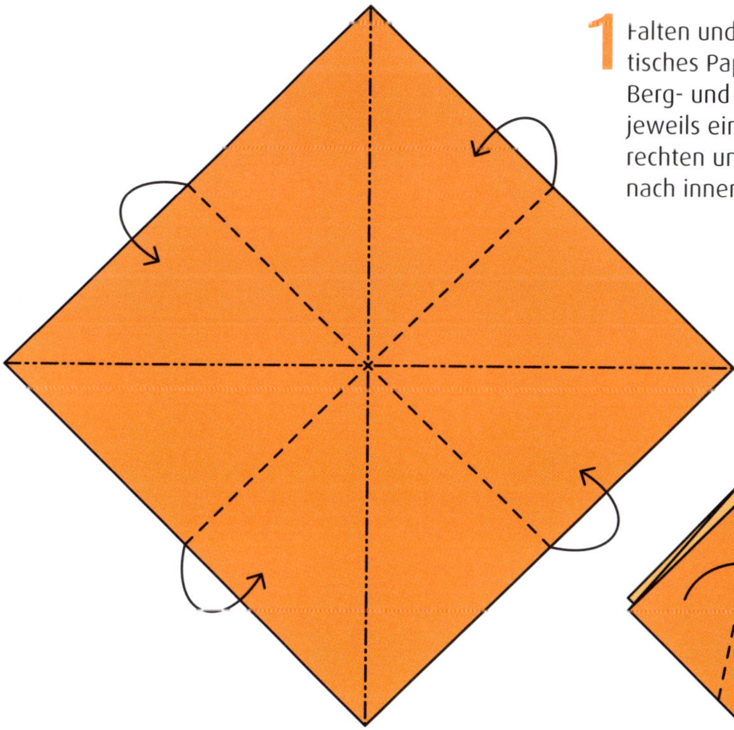

1 Falten und entfalten Sie in ein quadratisches Papier wie abgebildet diese Berg- und Talfalten. Drücken Sie mit jeweils einem Gegenbruch die waagerechten und senkrechten Faltungen nach innen.

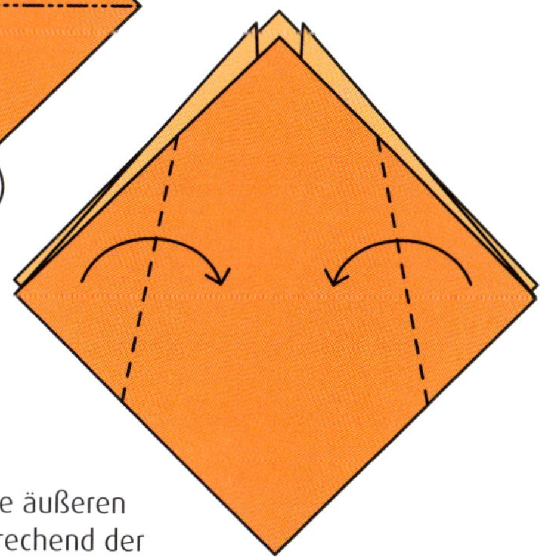

2 Falten Sie die äußeren Ecken entsprechend der gestrichelten Linien nach innen zum Mittelbruch.

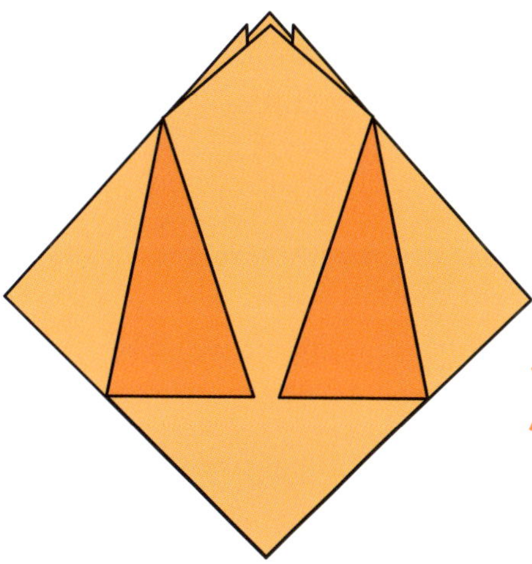

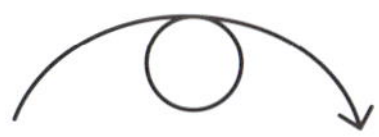

3 Drehen Sie die Form und wiederholen Sie die Faltungen auf der Rückseite.

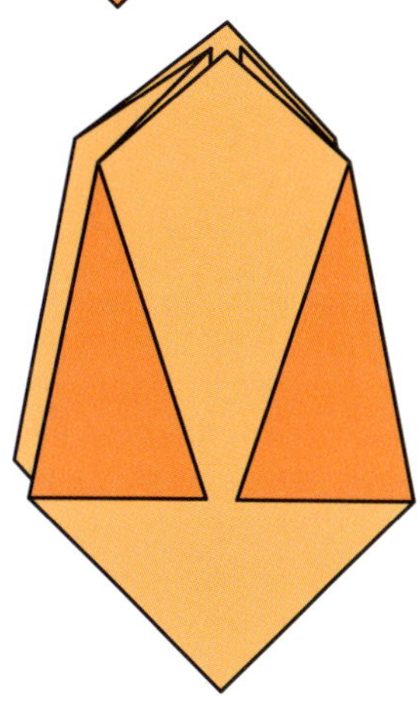

Weiter geht es mit der Tulpe:

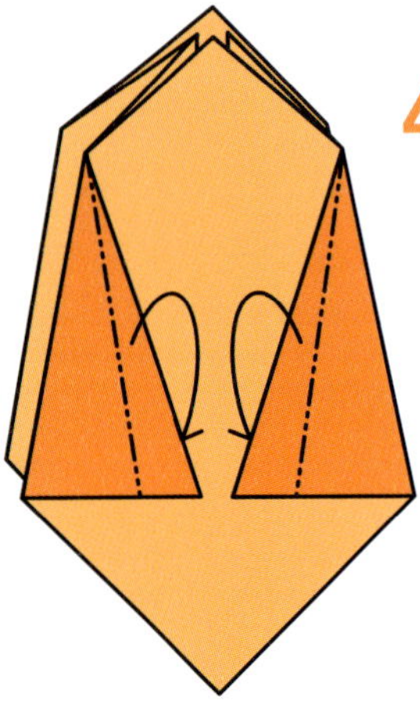

4 Nun falten Sie links und rechts die eingeschlagenen Enden entsprechend der Abbildung mit einer Bergfalte nach innen.

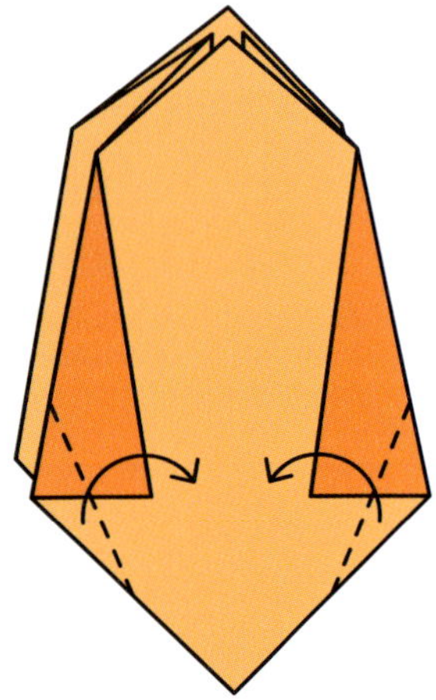

5 Wiederholen Sie diesen Vorgang auch auf der Rückseite und falten weiter mit Augenmaß an den angegebenen Linien die Ecken an allen vier Seiten nach innen.

6 Nun kommt der etwas schwierige Teil. Öffnen Sie vorsichtig die Spitzen und formen Sie den Boden mit viel Fingerspitzengefühl bauchig aus.

Als Blütenstengel kann man einen Pfeifenputzerdraht verwenden.

Geldbörse für Notgroschen

Eine liebe Nachricht, eine geheime Botschaft oder ein Geschenk gewinnen an Beachtung und Bedeutung, wenn diese auch richtig verpackt sind. Im Origami gibt es eine große Zahl dieser gefalteten Schachteln oder Umschläge. Das erste Beispiel hier ist eine Geldbörse.

- rechteckiges Papier
- ab 10 Jahren
- schwer
- 6 Minuten

So wird die Geldbörse gefaltet:

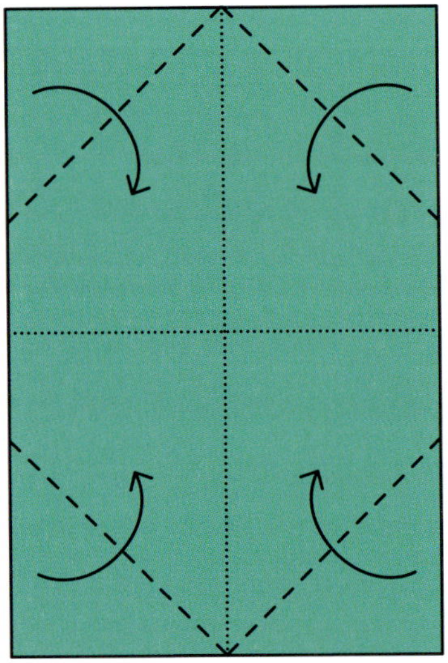

1 Sie brauchen dafür ausnahmsweise ein rechteckiges Papier, beispielsweise ein Druckerpapier. Falten und entfalten Sie zunächst wie angegeben die gepunkteten Hilfslinien. Dann falten Sie alle vier Ecken wie angegeben zur Mittellinie.

2 Falten Sie die obere und untere Spitze nach innen.

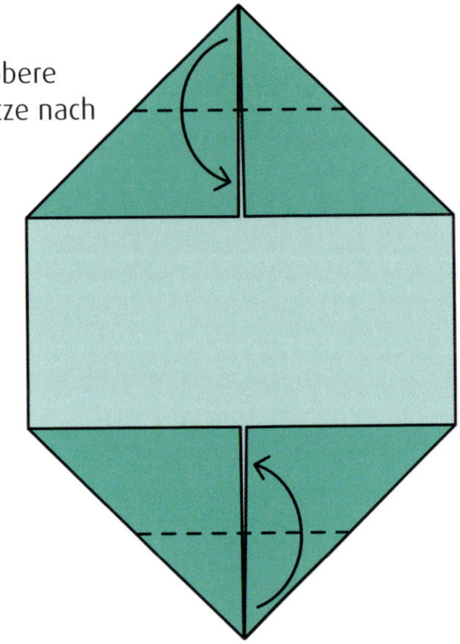

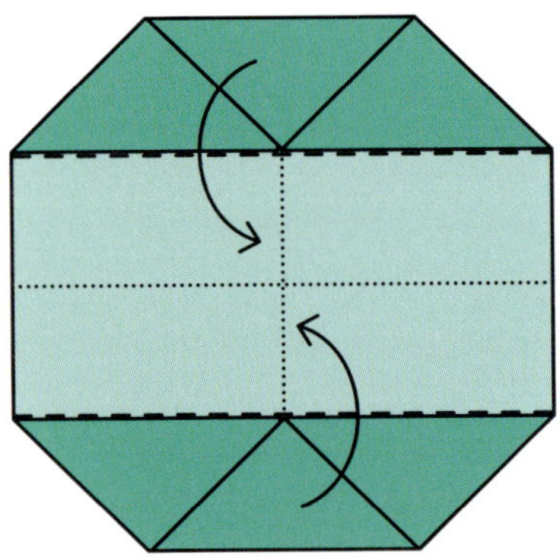

3 Nun falten Sie oben und unten die Kante entlang der gestrichelten Linie bis zur Mitte.

4 Wenden Sie die Form.

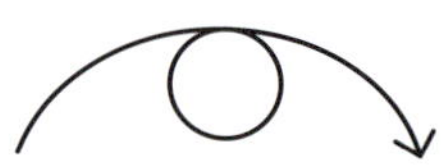

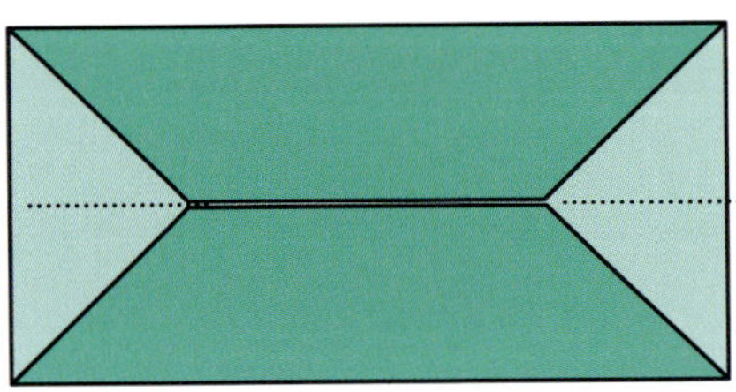

5 Falten Sie die linke und rechte Seite jeweils bis zur Mitte.

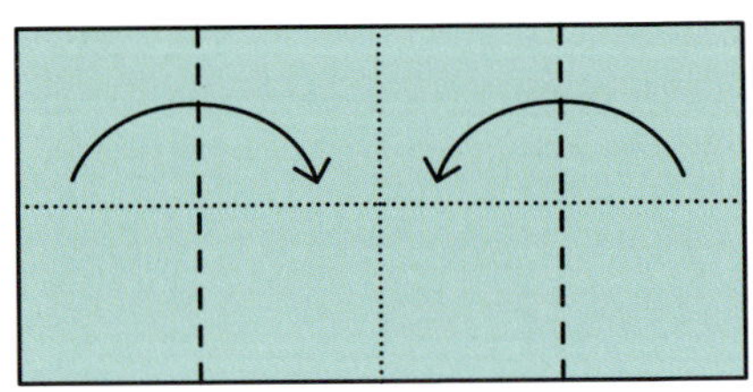

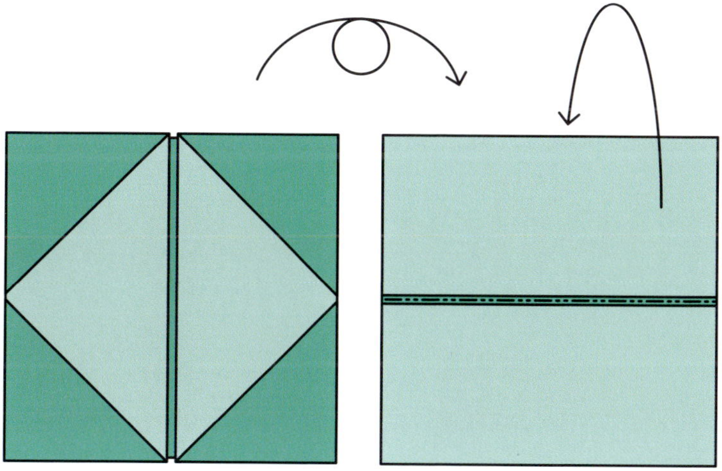

6 Wenden Sie die Form erneut.

7 Falten Sie die vorliegende quadratische Form entlang der offenen Kante in der Mitte, wie angezeichnet.

8 Jetzt haben Sie zwei Taschen. Ziehen Sie aus der hinteren Tasche das eingeschlagene Dreieck heraus.

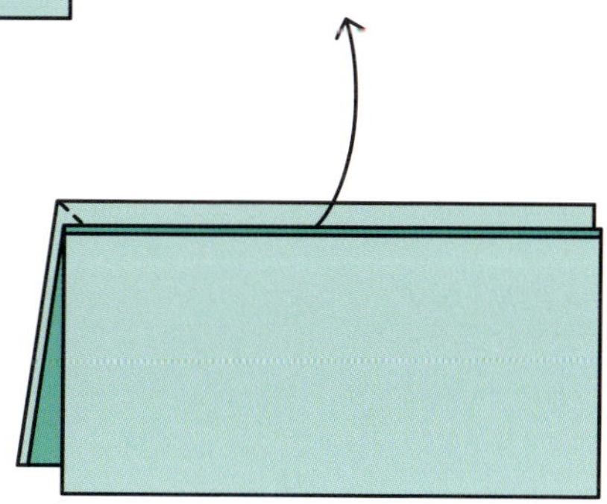

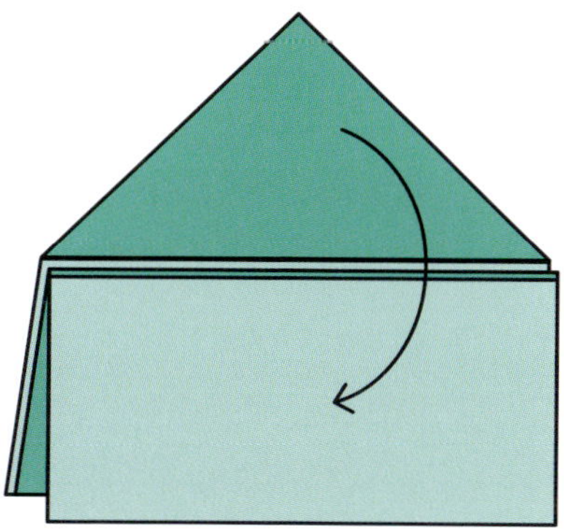

9 So können Sie die Tasche wie abgebildet verschließen. Sie können dafür zusätzlich einen Klebestreifen oder Klebstoff verwenden. Mit Klettband wird die Geldbörse sogar immer wieder verschließbar.

Je größer das Anfangsformat des Papierbogens ist, desto größer ist auch die fertige Tasche.

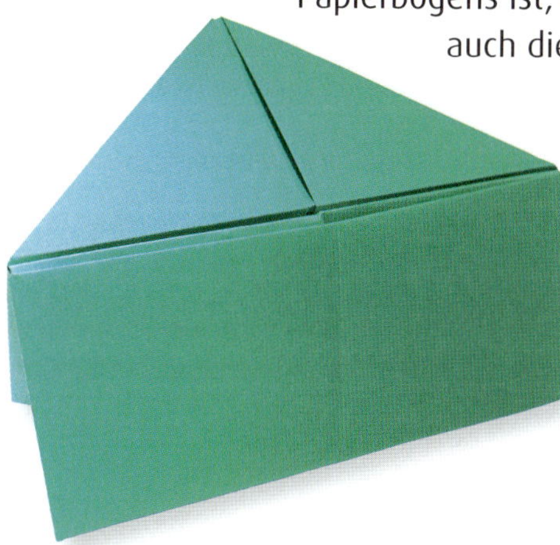

Tüten für allerlei

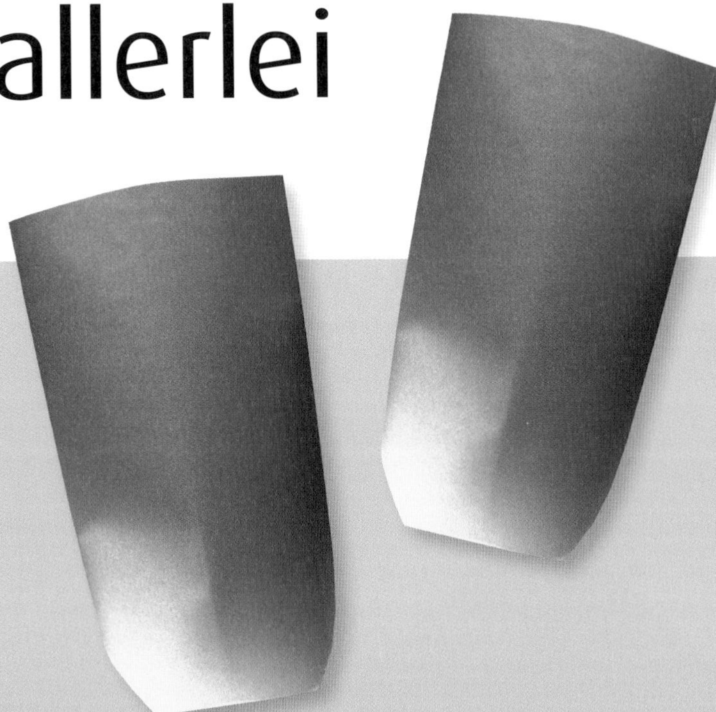

In diese bunte Tüte passen kleine leckere Naschereien, Plätzchen, Bonbons oder Schokolade. Mit schönen Ettiketten oder Aufklebern und bemaltem Papier wird aus dieser gefalteteten Tüte ein kleines persönliches Kunstwerk.

- quadratisches Papier
- ab 8 Jahren
- mittel
- 8 Minuten

So wird die Tüte gefaltet:

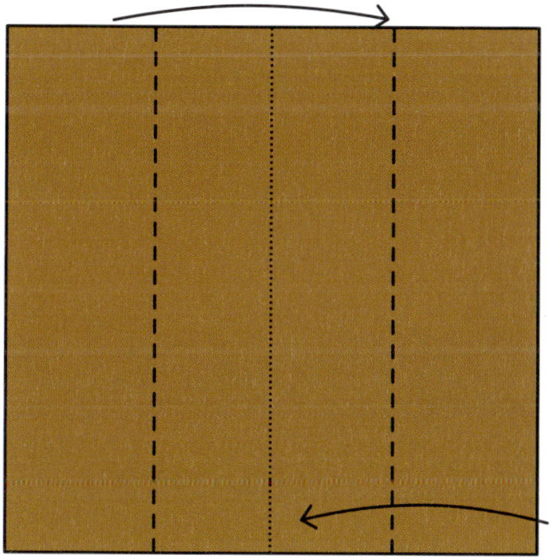

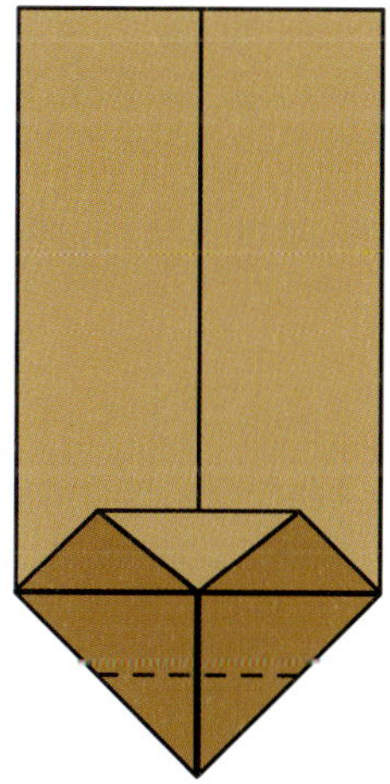

1 Für die Tüte brauchen Sie ein quadratisches Papier, in das Sie die angegebenen Hilfslinien falten und wieder entfalten. Falten Sie dann die linke und rechte Kante etwas über den Mittelbruch, damit Sie Platz für einen Klebestreifen haben.

2 Falten Sie dann die rechte und linke Ecke unten bis zur Mittellinie. Mit einem Gegenbruch falten Sie die Ecken nach innen.

3 Falten Sie im nächsten Schritt die obere und untere Ecke nach oben und den unteren Teil nach unten. Achten Sie darauf, dass eine kleine Überlappung zum besseren Verkleben entsteht.

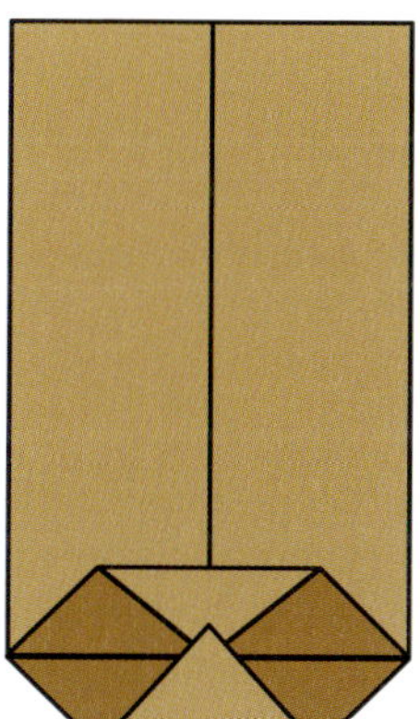

4 Verkleben Sie den Boden und die abgebildete Überlappung mit einem Stück Klebefilm und öffnen Sie die Tüte.

Tolle Tüten für den Kinder-Kaufladen.

Himmels rakete

Aus dieser Grundform für ein Papierflugzeug lassen sich viele weitere Modelle entwickeln. Dieser Himmelsstürmer wird oft Rakete genannt und gelingt auch Anfängern sehr gut.

- rechteckiges Papier
- ab 8 Jahren
- mittel
- 5 Minuten

So wird die Himmelsrakete gefaltet:

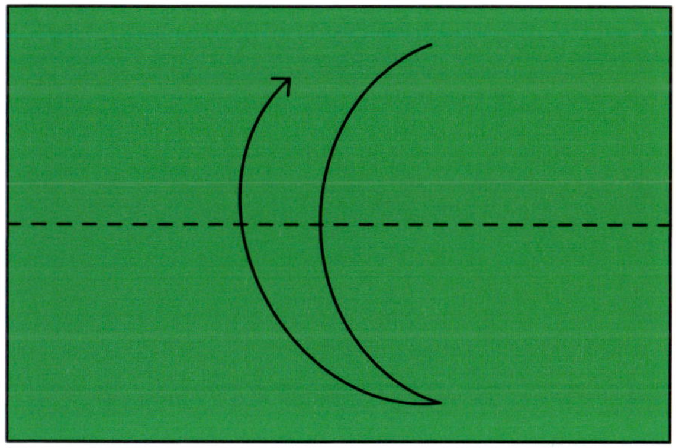

1 Falten und entfalten Sie das rechteckige Papier, Druckerpapier ist geeignet, einmal längs in der Mitte.

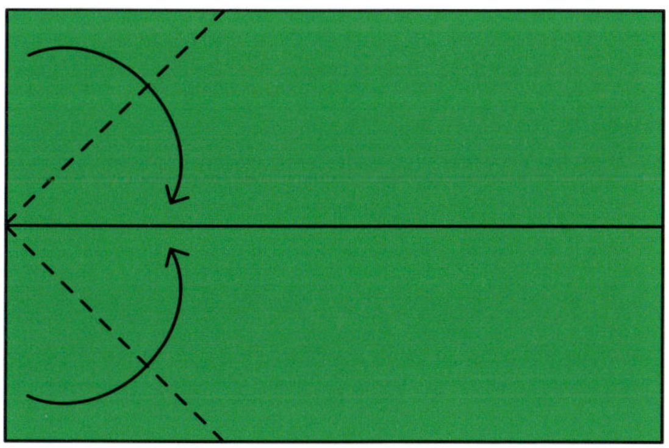

2 Falten Sie die beiden Ecken auf der linken Seite bis zur Mittellinie.

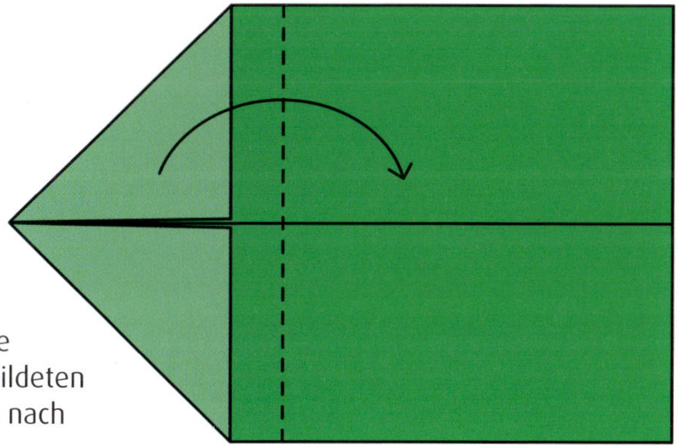

3 Falten Sie die entstandene Spitze entlang der abgebildeten gestrichelten Linie nach rechts.

Weiter geht es mit der Himmelsrakete:

4 Falten Sie nun die beiden linken Ecken bis zur Mittellinie.

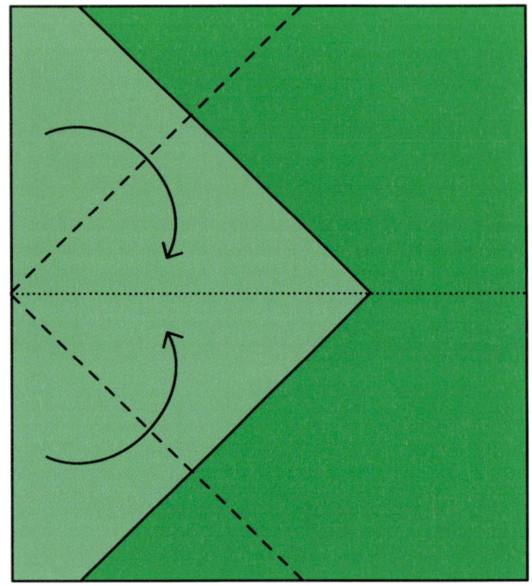

5 Falten Sie das kleine überstehende Dreieck, das bei der vorhergehenden Spitze entstanden ist, nach links zurück.

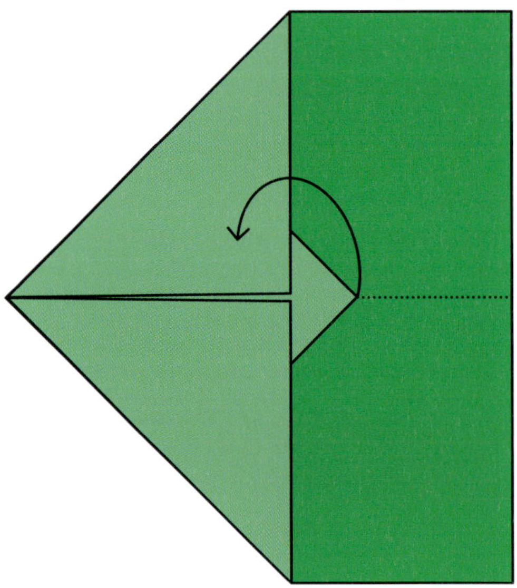

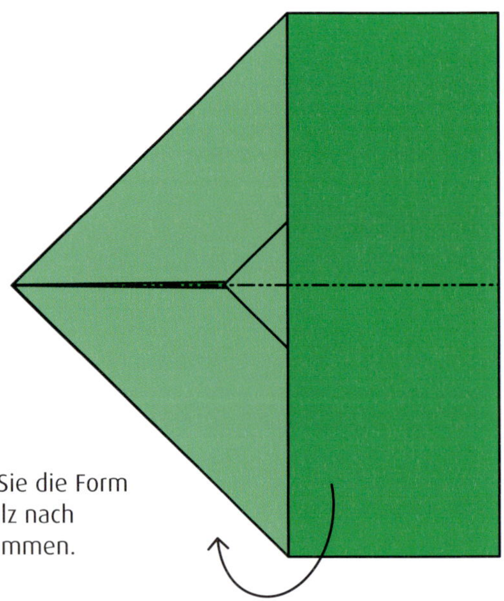

6 Nun falten Sie die Form am Mittelfalz nach hinten zusammen.

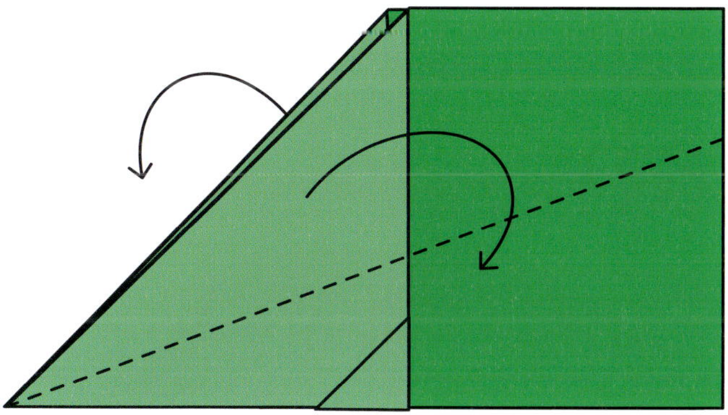

7 Falten Sie die Flügel, wie abgebildet, an den gestrichelten Linien nach links und rechts..

8 Biegen Sie die Flügel in eine fast waagrechte und leichte V-Form zurück.

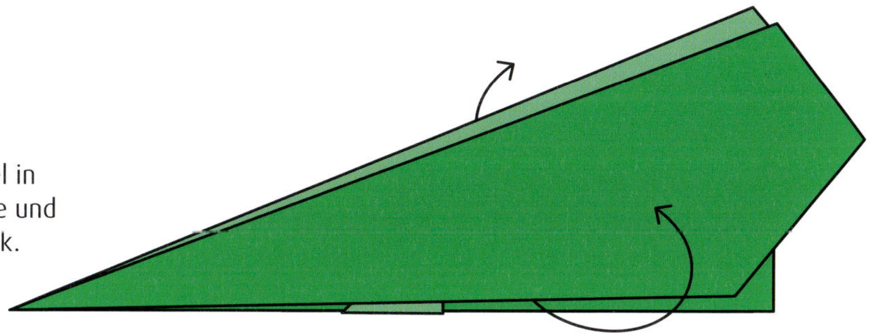

Bemalen Sie die Himmelsrakete mit schönen Symbolen.

Roter Baron

Der rote Baron nutzt die Schwalbengrundform, zu der es viele Variationen gibt. Dieser elegante Segler hat ausgezeichnete Flugeigenschaften. Am besten fliegt das Modell, wenn es aus einem normalen Druckerpapierbogen gefaltet wird.

- rechteckiges Papier
- ab 7 Jahren
- mittel
- 7 Minuten

So wird der Flieger gefaltet:

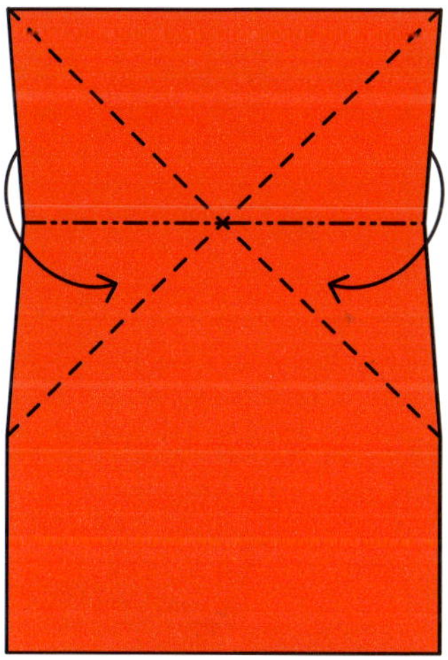

1 Falten und entfalten Sie in ein rechteckiges Papier die zwei diagonalen Bergfalten und die waagerechte Talfalte wie abgebildet.Wenden Sie die Form und ziehen Sie das Papier an der Talfalte nach innen, sodass eine Spitze gemäß der Abbildung 2 entsteht.

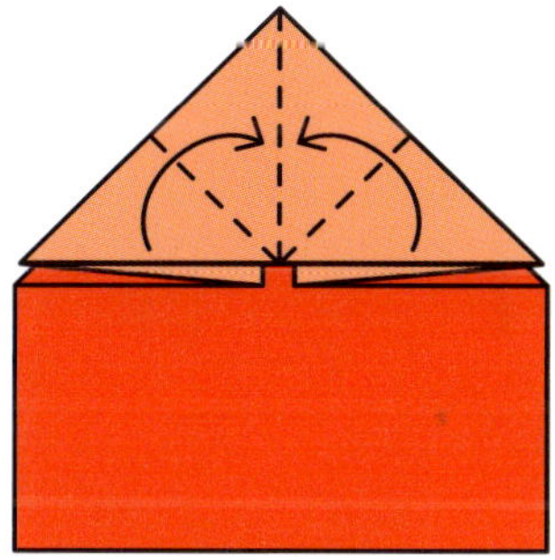

2 Falten Sie die rechte und linke Spitze des oben liegenden Dreiecks nach oben an die Spitze der Form.

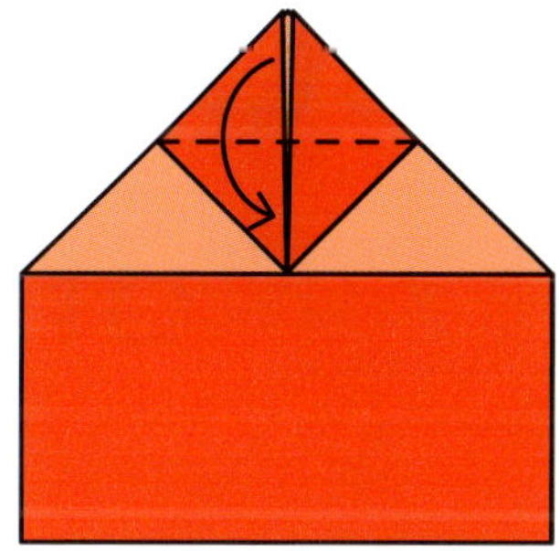

3 Falten Sie nun die oberen Spitzen auf die untere mittige Spitze des Dreiecks.

4 Ihre Form sieht nun so aus.

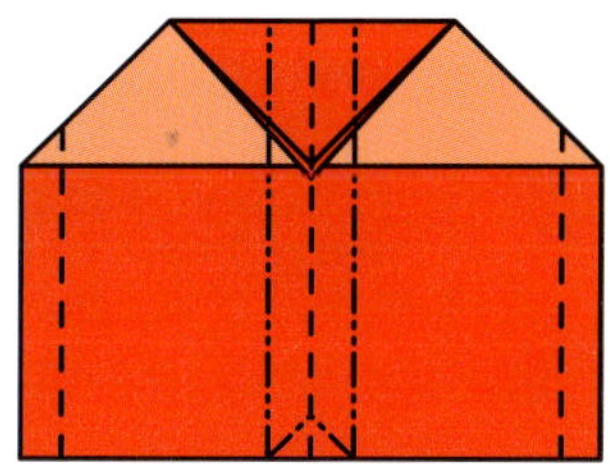

5 Falten Sie jetzt Berg- und Talfalten entsprechend der Zeichnung. So entstehen Rumpf und Flügel. Falten Sie hinten am unteren Ende des gefalteten Rumpfs ein kleines Dreieck als Gegenbruchfalte.

Festes Papier verbessert die Flugeigenschaften des Flugmodells.

Schiff ahoi

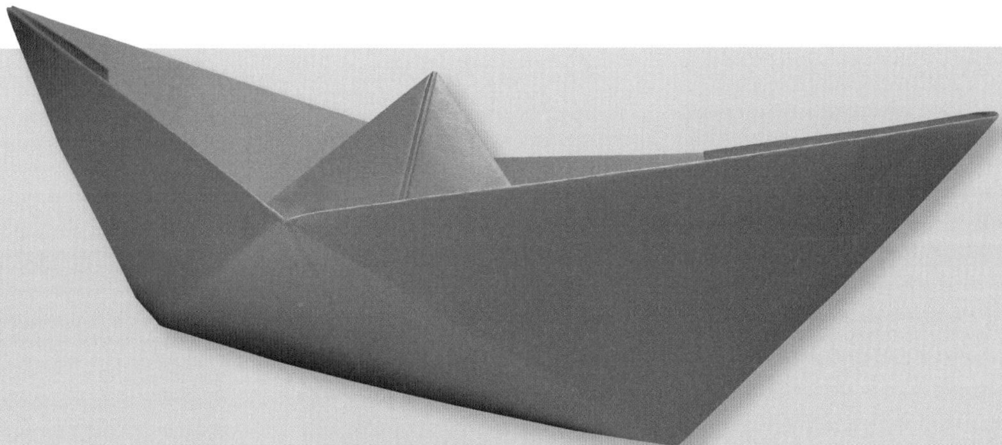

Jeder hat dieses Segelboot aus Papier schon einmal gesehen. Und so wird es gefaltet. Für dieses Modell wird ein rechteckiges Papier verwendet. Es lohnt sich, mit der Papiergröße zu experimentieren.

- rechteckiges Papier
- ab 6 Jahren
- mittel
- 8 Minuten

Zuerst wird ein Hut gefaltet:

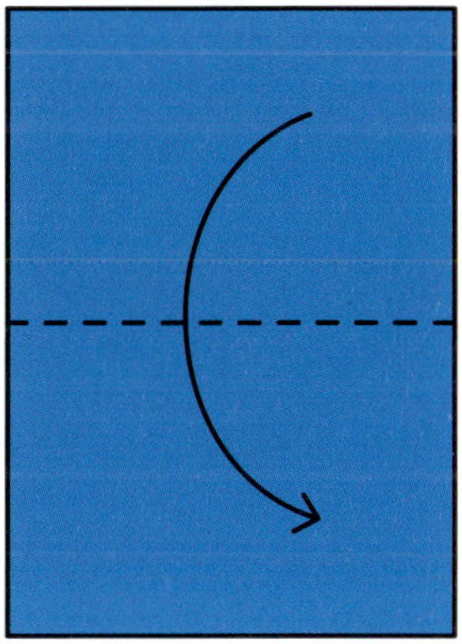

1 Falten Sie das rechteckige Papier waagerecht nach unten.

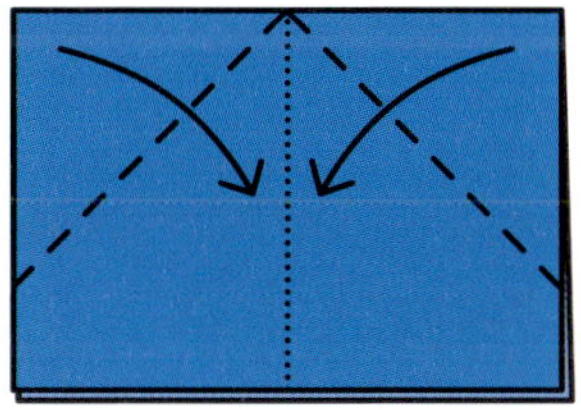

2 Anschließend falten Sie die obere rechte und linke Ecke zur Mittellinie hin.

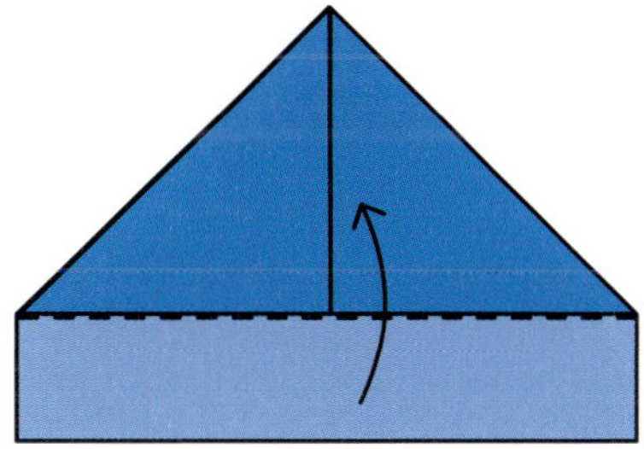

3 Kippen Sie den einen unteren Rand nach oben.

4 Danach falten Sie den hinteren unteren Rand nach hinten.

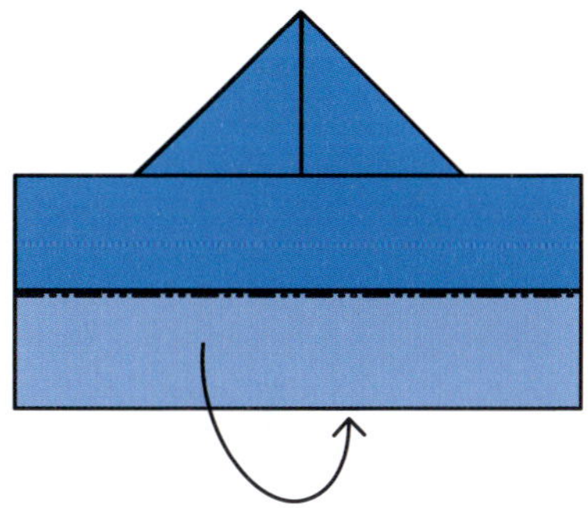

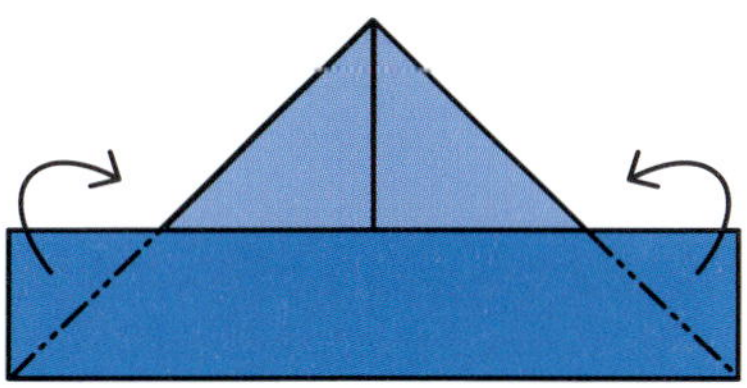

5 Die kleinen Ecken rechts und links nach hinten falten. Das Gleiche wiederholen Sie auf der Rückseite.

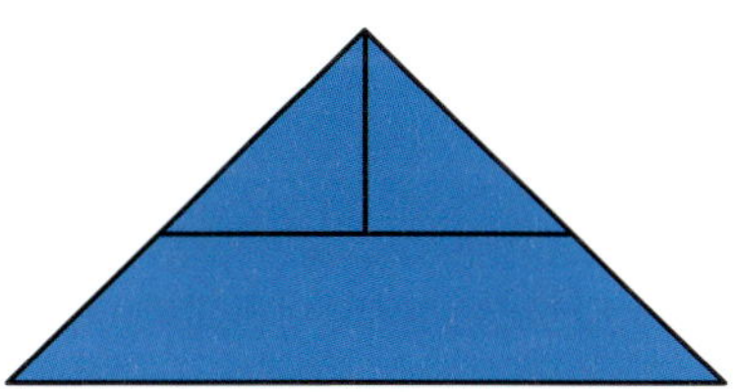

6 Zum Schluss knicken Sie die kleinen Ecken nach innen.

Für den Hut einen etwas größeren Bogen Papier oder Zeitungspapier verwenden. Nach Belieben können Sie den Hut auch mit einer Feder verzieren.

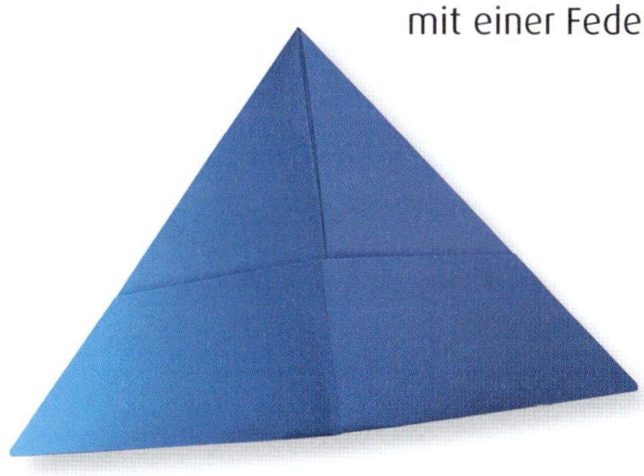

So wird das Schiff gefaltet:

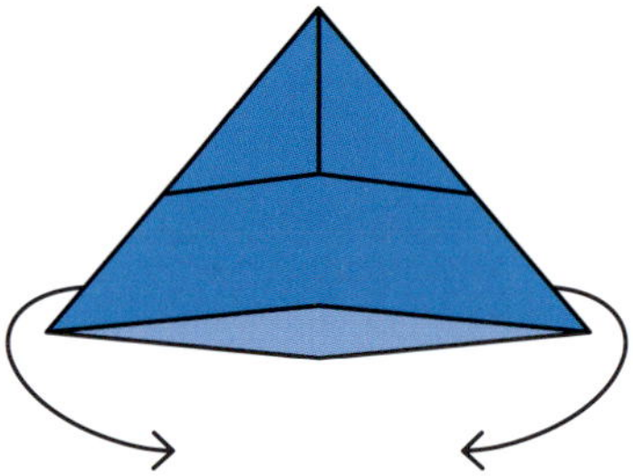

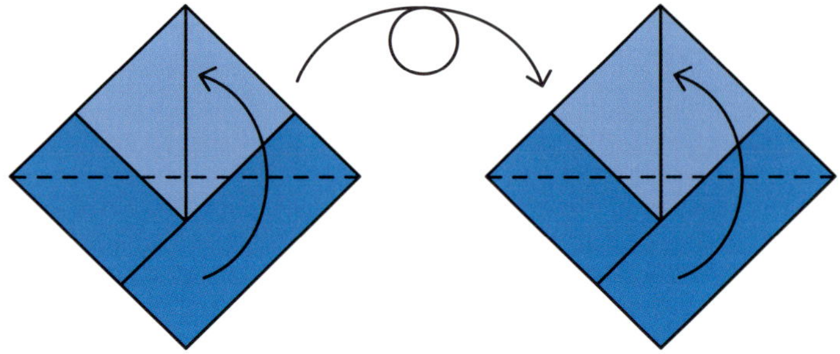

1 Falten Sie den Hut von Seite 47. Klappen Sie den Hut so zusammen, dass die linke und rechte Ecke flach aufeinander zum Liegen kommen.

2 Falten Sie nun die untere Spitze auf die obere Spitze Wenden Sie die Form.

3 Wiederholen Sie die Faltung auf der jetzt oben liegenden Seite.

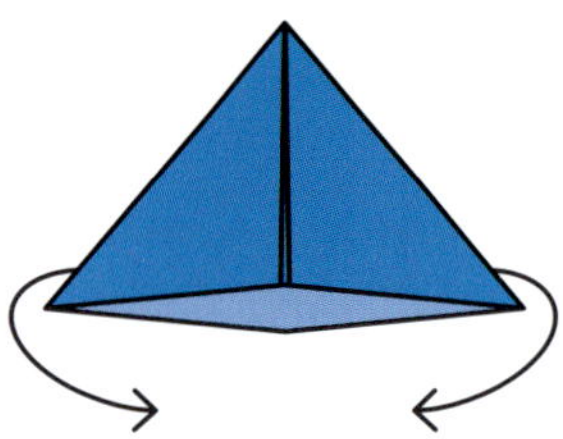

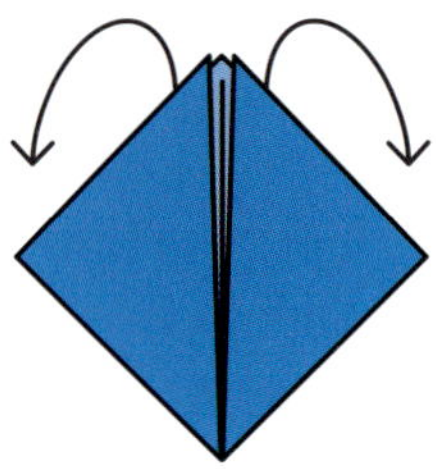

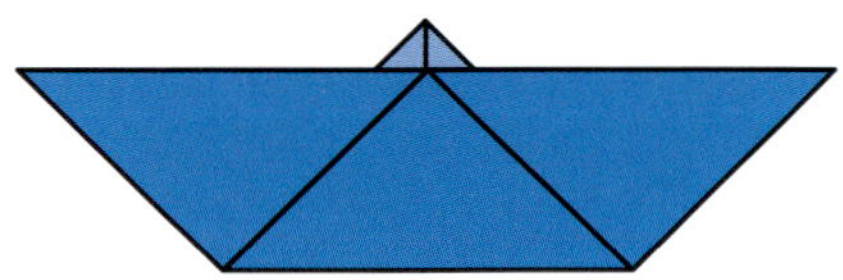

4 Klappen Sie wieder die linke und rechte Spitze flach zusammen.

5 Ziehen Sie jetzt vorsichtig die Form oben an der Spitze auseinander.

6 Formen Sie den Schiffskörper bauchig aus. Aus dem Schiff ragt ein kleines Segel heraus.

Besprühen Sie die Form mit Klarlack, so wird das Schiff stabiler und wasserabweisend. Es schwimmt dann länger auf dem Wasser, ohne unterzugehen.

Weltraum segler

Dieser Weltraumsegler erinnert an das amerikanische Space Shuttle. Es ist ein sehr schnelles Flugmodell, mit dem große Flugstrecken zu erzielen sind. Der Weltraumsegler kann mit Buntstiften bemalt werden. Vielleicht nach dem Vorbild eines echten Space Shuttle.

- quadratisches Papier
- ab 6 Jahren
- mittel
- 5 Minuten

So wird der Segler gefaltet:

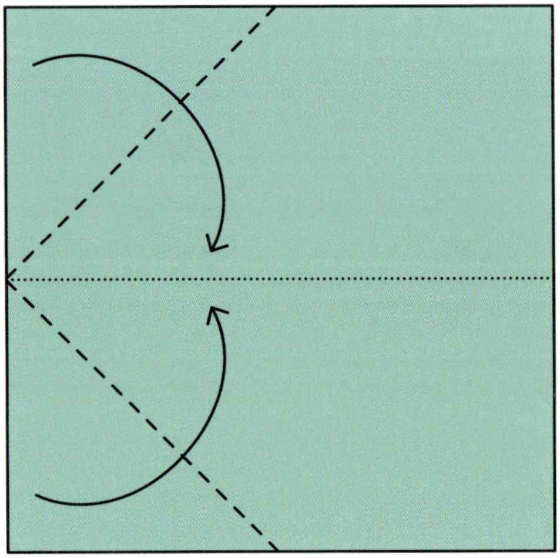

1 Falten und entfalten Sie das quadratische Papier einmal in der Waagerechten. Falten Sie die linke obere und untere Ecke zum Mittelbruch.

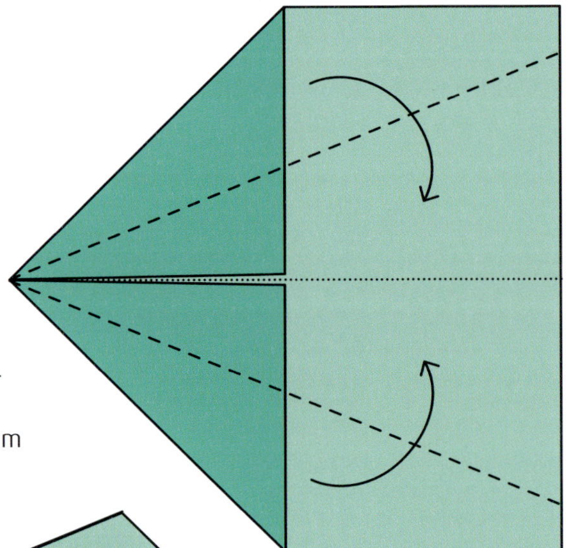

2 Falten Sie noch einmal die obere und untere Spitze bis zum Mittelbruch.

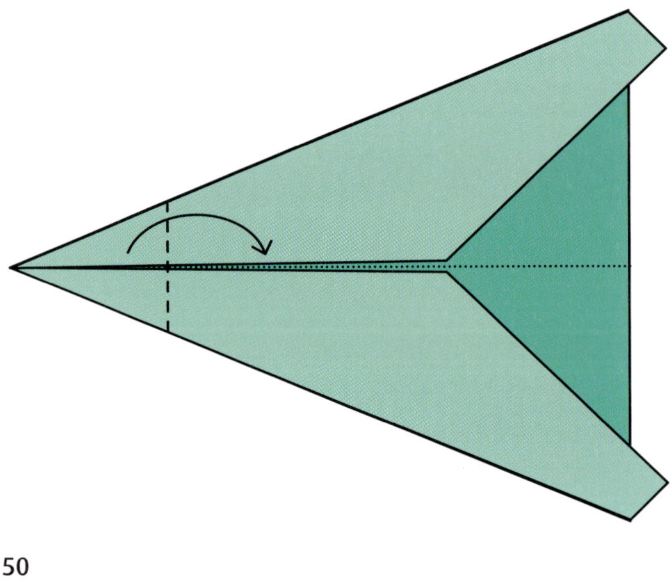

3 Falten Sie nun die Spitze etwa auf der in der Zeichnung angegebenen Höhe nach rechts.

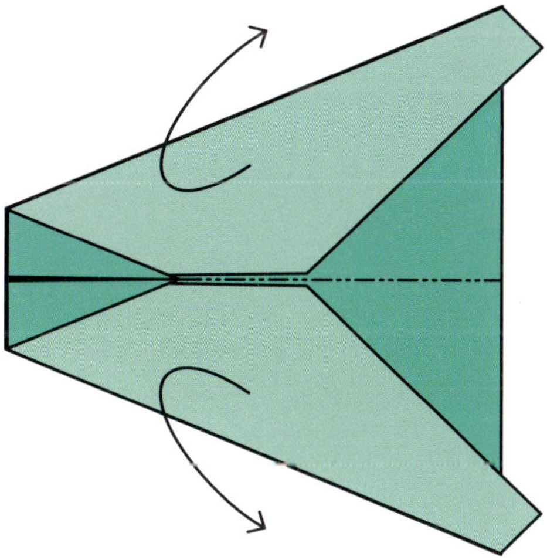

4 Nun falten Sie die Form am Mittelbruch nach hinten.

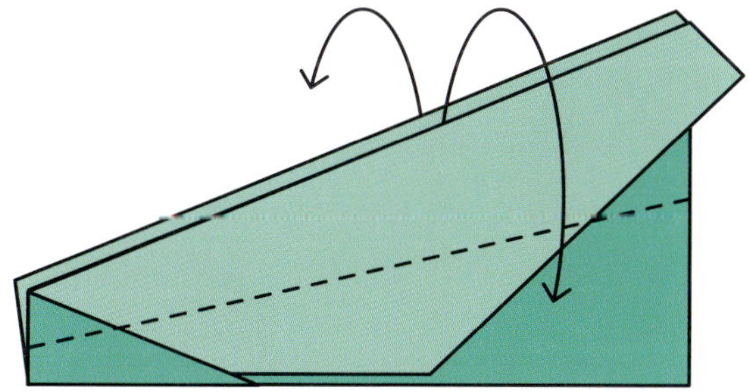

5 Falten Sie die Flügel links und rechts in Höhe der gestrichelten Linie nach unten.

6 Entfalten Sie die Flügelfaltungen wieder so weit, bis diese in einer leichten V-Form zum Rumpf stehen.

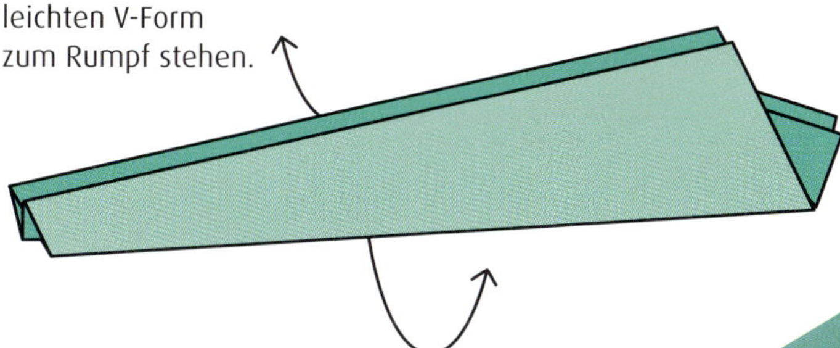

Welcher Flieger fliegt am weitesten und bleibt am längsten in der Luft?

Marienkäfer flieg

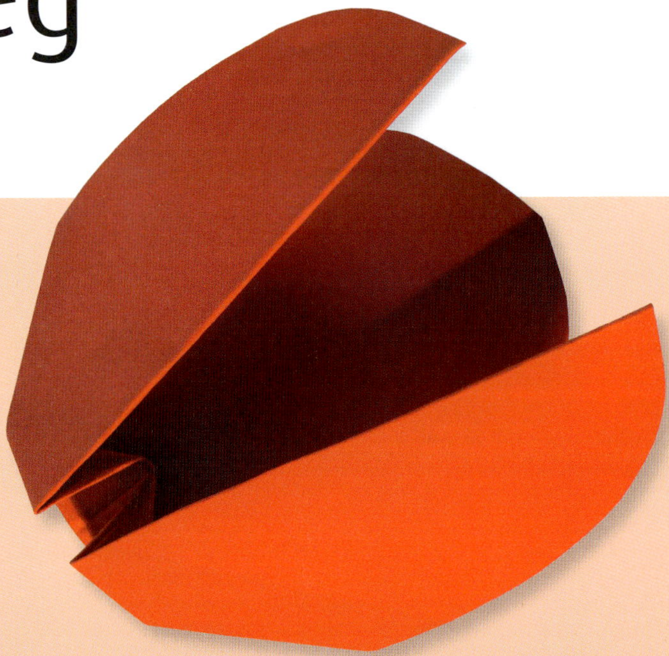

Dieser kleine Glücksbringer ist eine schöne Verzierung oder ein schönes Geschenk. Mit rotem Papier, das innen hellrot bemalt wurde, gelingen ganz besonders schöne Marienkäfer. Die Punkte auf den Flügeln werden mit schwarzem Filzstift aufgebracht.

- quadratisches Papier
- ab 4 Jahren
- leicht
- 6 Minuten

So wird der Marienkäfer gefaltet:

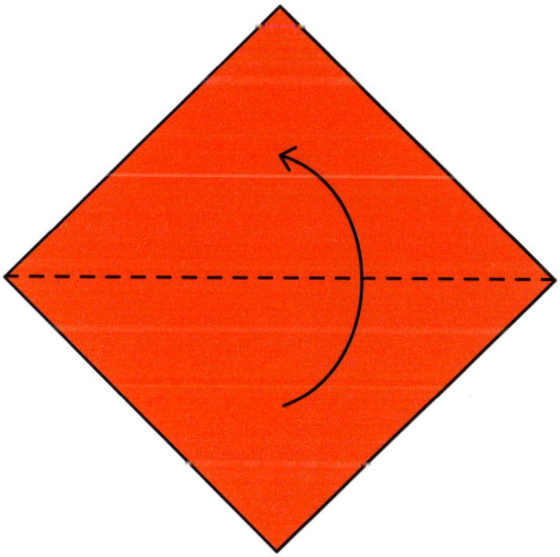

1 Falten Sie das quadratische Papier mit einer Bergfalte einmal in der Diagonale.

2 Falten Sie die rechte Spitze nach oben bis zur Spitze.

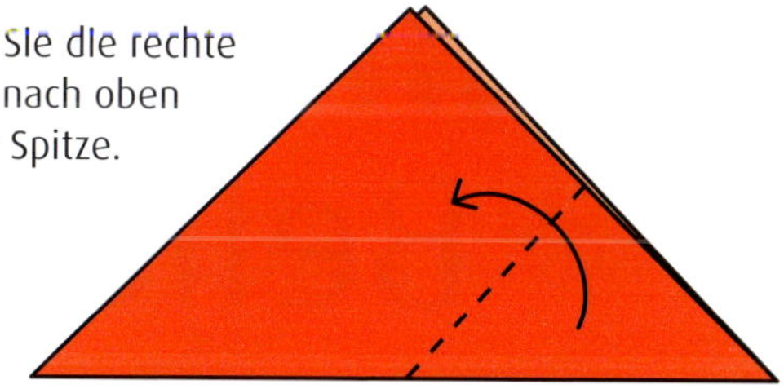

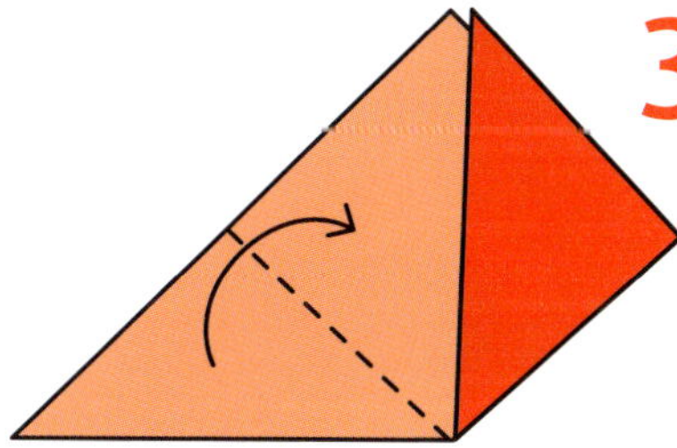

3 Falten Sie nun auch die linke Spitze bis nach oben zur Spitze.

4 Falten Sie die untere Spitze an der gestrichelten Linie nach hinten.

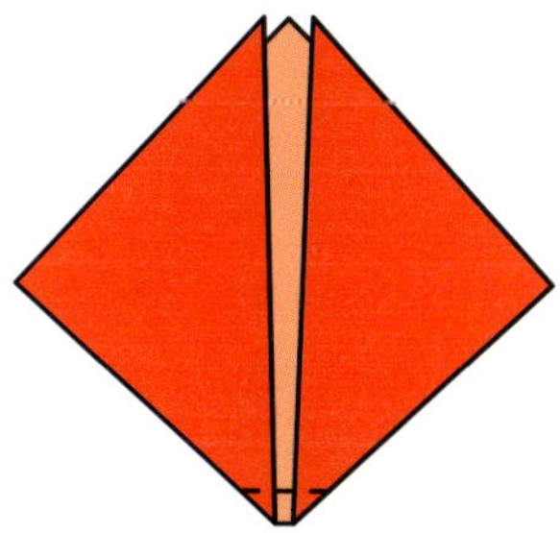

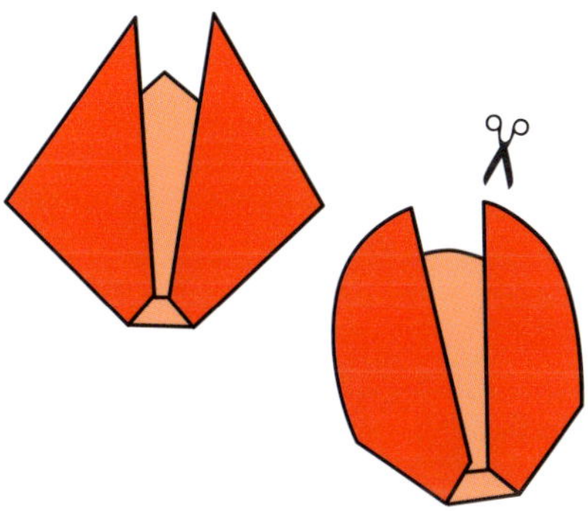

5 Nehmen Sie nun eine Schere und schneiden Sie die runde Käferform aus. Achten Sie darauf, dass die Flügel etwas größer sind als der Körper. Malen Sie die schwarzen Punkte mit schwarzem Filzstift auf.

Wenn Sie genügend Übung haben, können Sie ein immer kleineres Papier nehmen. Wer schafft den kleinsten Käfer?

Hund
Bello

Sein niedliches Aussehen bekommt der Hund durch die aufgemalten Augen, die Nase und den Mund. Für die Augen kann man schwarze Perlen nehmen und sehr schön sind auch kleine aufgeklebte Wollknäuel für Nase und Mund.

- quadratisches Papier
- ab 4 Jahren
- leicht
- 4 Minuten

So wird der Hund gefaltet:

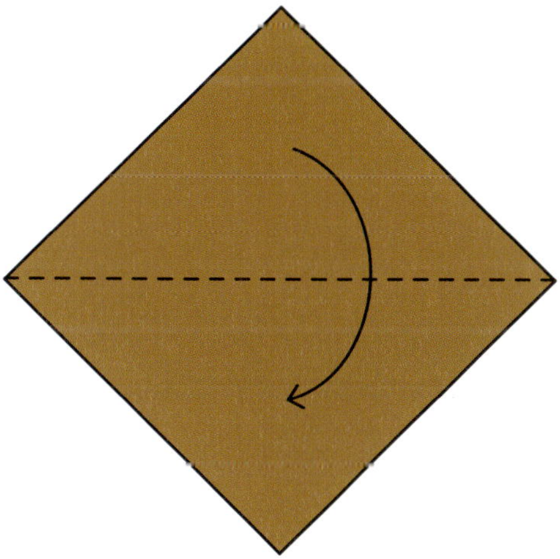

1 Nehmen Sie ein quadratisches Papier und falten Sie es mit einer Talfalte nach unten.

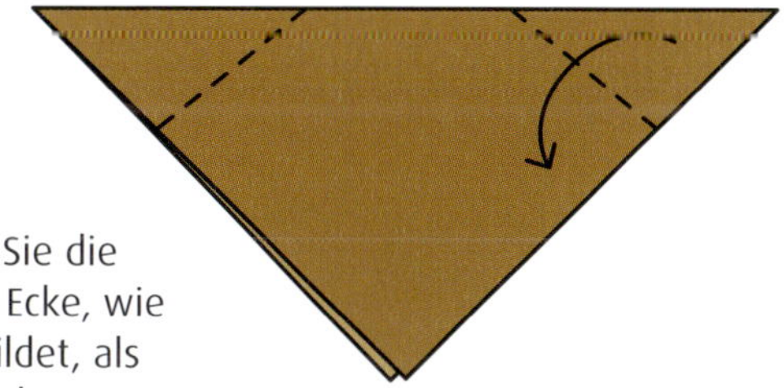

2 Falten Sie die rechte Ecke, wie abgebildet, als Ohr nach unten.

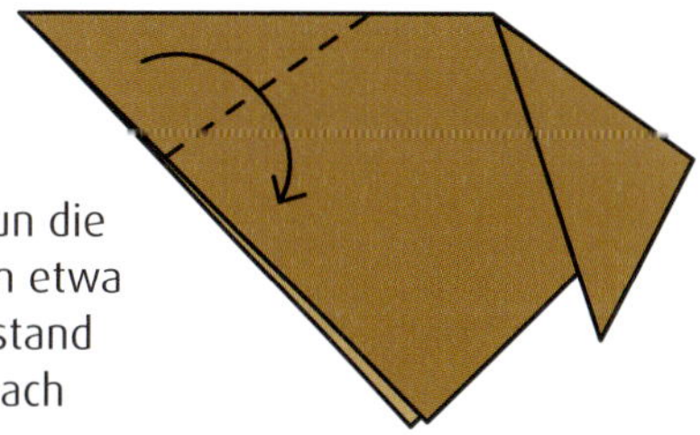

3 Falten Sie nun die linke Ecke im etwa gleichen Abstand wie rechts nach unten.

4 Falten Sie die Schnauze an der gestrichelten Linie nach hinten.

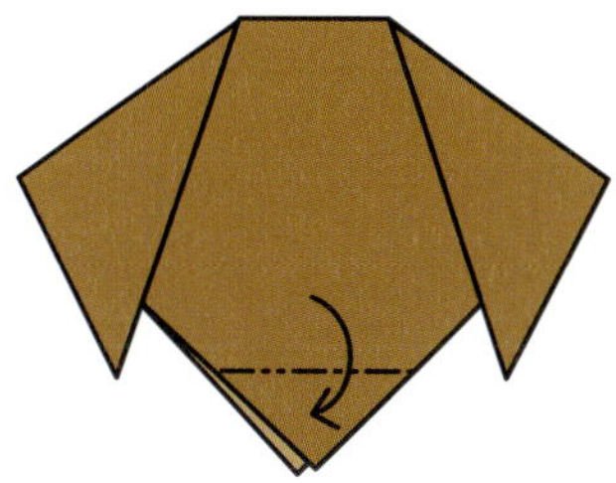

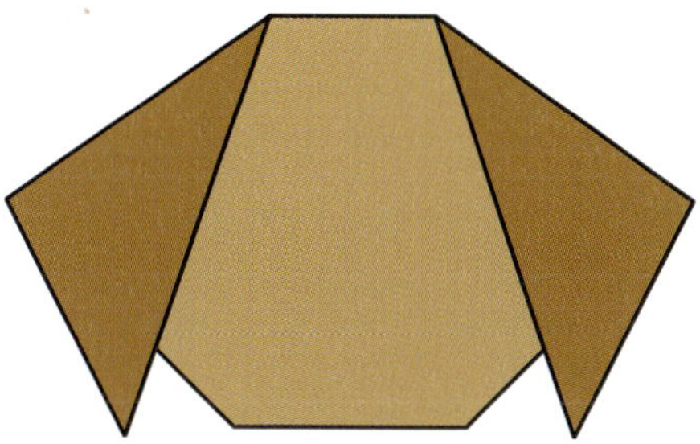

5 Malen oder kleben Sie zum Schluss Augen, Nase und Mund an die richtigen Stellen.

Wackelaugen gibt es im Bastelgeschäft.

Fang mich

Wer fängt die Perle mit dem Becher? Gefaltet wird ein Becher, in dem eine durchbohrte Perle Platz findet. Der Faden wird am Boden oder Rand des Bechers festgeklebt und an der Perle festgeknotet. Die Perle wird aus dem Becher hochgeworfen und wieder gefangen.

- quadratisches Papier
- ab 6 Jahren
- mittel
- 7 Minuten

So wird der Becher gefaltet:

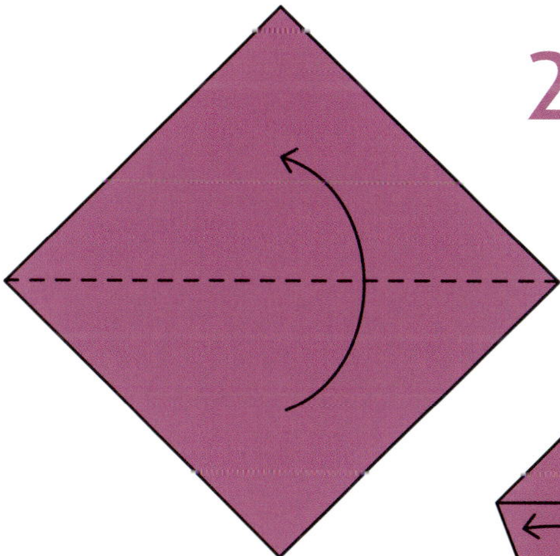

1 Falten Sie das quadratische Papier einmal an der diagonalen Falz nach oben.

2 Falten Sie die linke Spitze an der gestrichelten Linie bis zur rechten Kante.

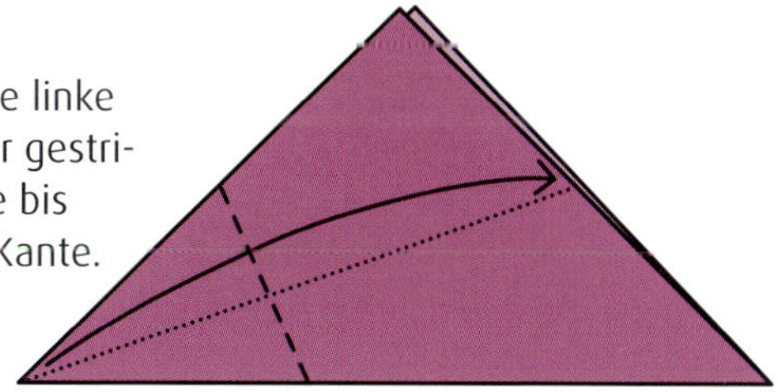

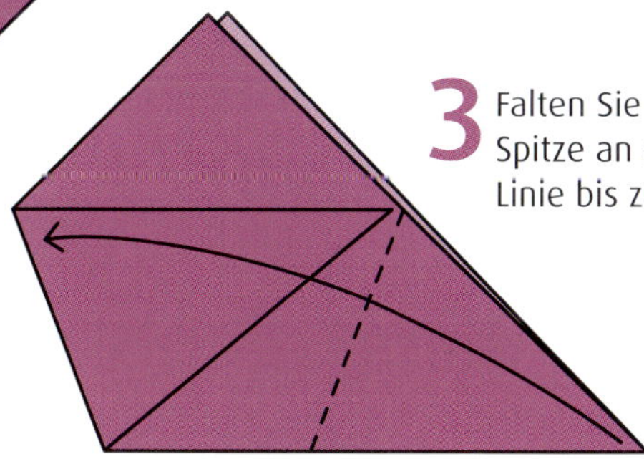

3 Falten Sie nun die rechte Spitze an der gestrichelten Linie bis zur linken Kante.

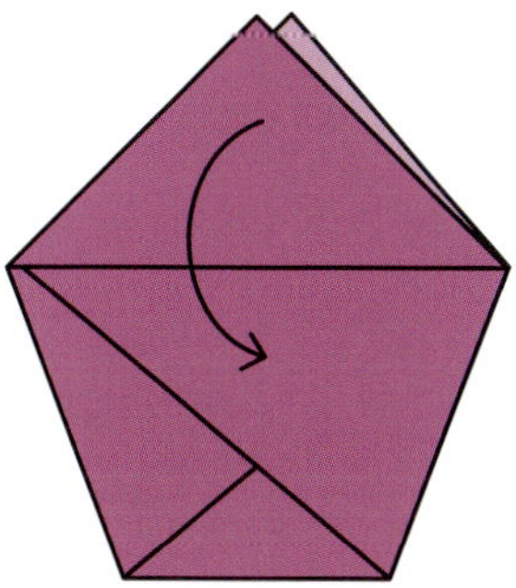

4 Falten Sie die obere vorne liegende Spitze nach unten.

5 Falten Sie die zweite Spitze durch eine Bergfalte nach hinten. Den Becher formen Sie mit dem Finger aus.

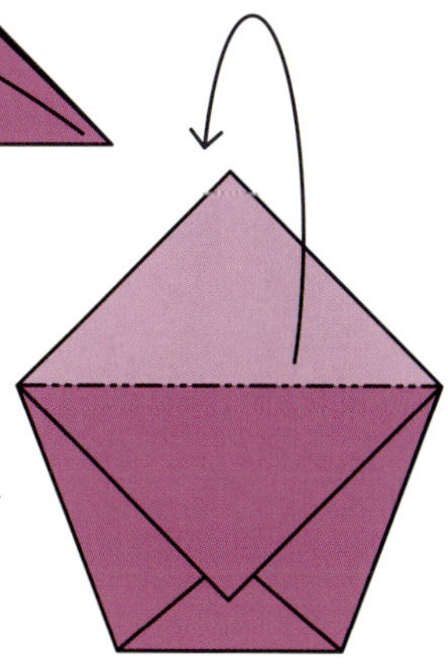

6 Befestigen Sie eine Perle an einer längeren Schnur und kleben Sie das andere Ende der Schnur am Becherboden fest.

Der Perlenfangbecher eignet sich auch als hübsches Mitbringsel für kleine Kinder.

Segel boot

Eine künstlerische Variante für ein Segelboot ist dieses Faltmodell. Auf einen Tisch gesetzt können Sie das Schiff mit Ihrer Puste bewegen. Das ist ein vergnügliches und kurzweiliges Spiel.

- quadratisches Papier
- ab 5 Jahren
- leicht
- 3 Minuten

So wird das Segelboot gefaltet:

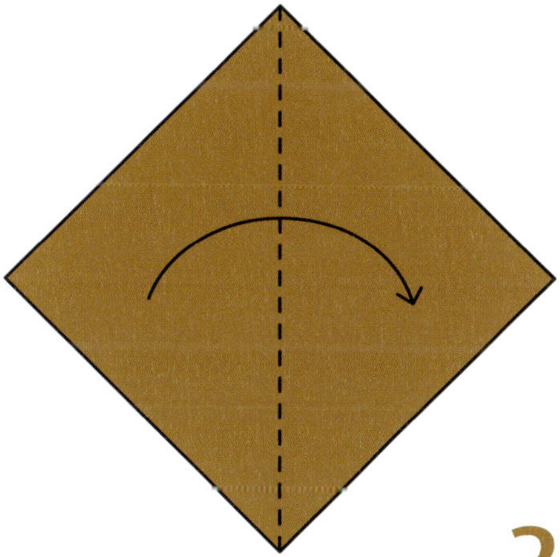

1 Falten Sie das quadratische Blatt einmal diagonal.

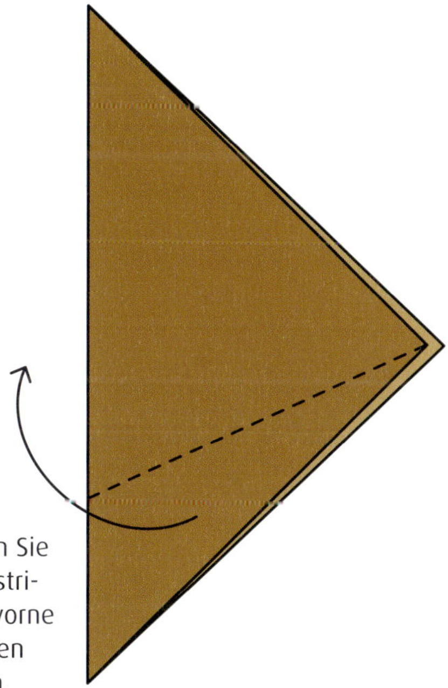

2 Falten und entfalten Sie die Form an der gestrichelten Linie nach vorne und auch nach hinten bis zum Mittelbruch.

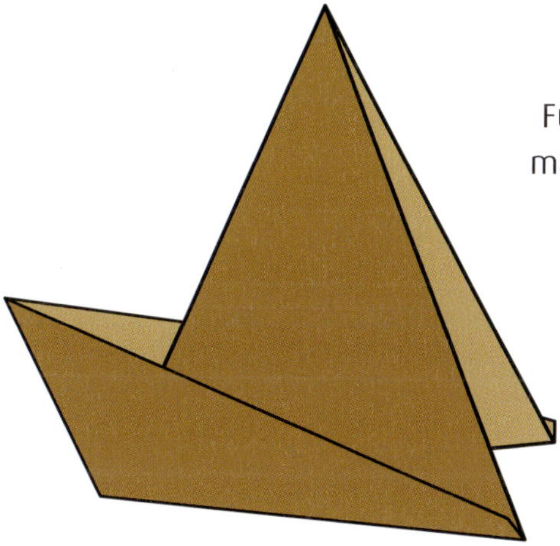

Für eine Wettfahrt kann man den Booten jeweils eine Startnummer aufmalen.

3 Falten und drücken Sie nun entlang der Hilfsllinien durch einen Gegenbruch (die Bergfalten werden zu Talfalten und die Talfalte zu einer Bergfalte) das Segelboot auf.

Pickvogel
Familie

Eine sehr einfache Variante des Schwans ist dieser Pickvogel. Durch leichtes Tippen auf den Schwanz können Sie den Vogel zum Picken bringen. Ein grünes Papier als Unterlage lässt zusätzlich eine Wiese entstehen.

- quadratisches Papier
- ab 4 Jahren
- leicht
- 3 Minuten

So wird der Pickvogel gefaltet:

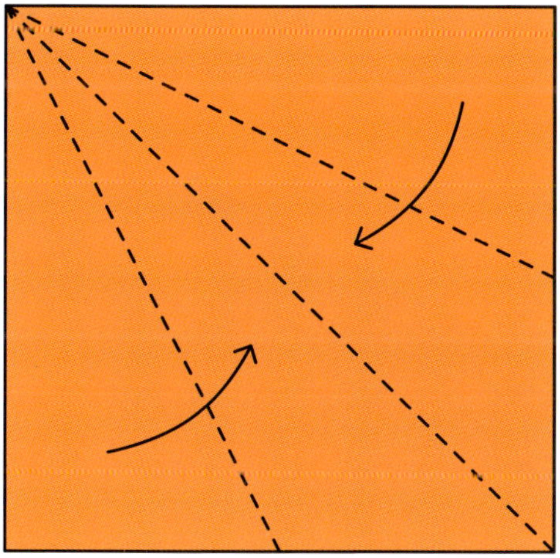

1 Falten Sie das Blatt diagonal und öffnen Sie es wieder. Dann beide Seitenteile zur Mitte hin falten.

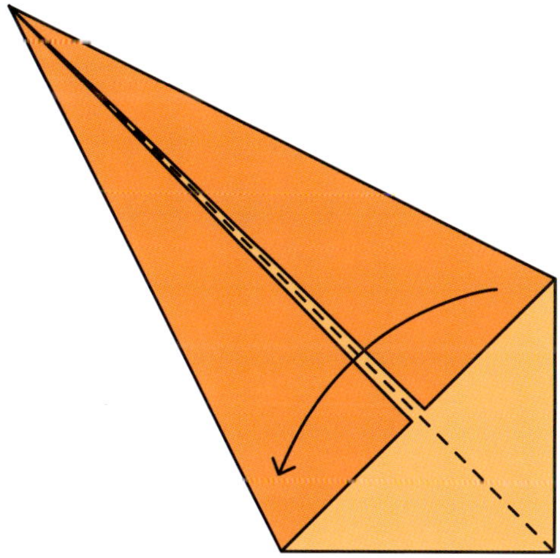

2 Das Papier sieht jetzt wie ein Drachen aus. Falten Sie nun über der Mittellinie beide Teile nach innen zusammen.

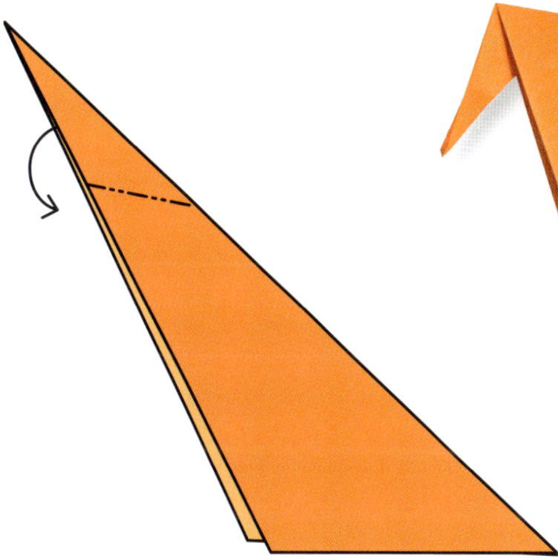

3 Für den Vogelschnabel falten Sie die kleine Spitze mit einer Gegenbruchfalte nach innen und außen.

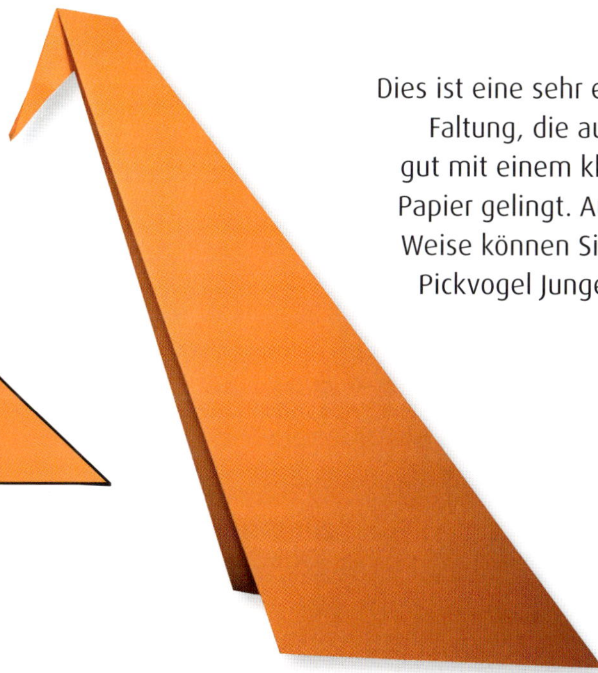

Dies ist eine sehr einfache Faltung, die auch sehr gut mit einem kleineren Papier gelingt. Auf diese Weise können Sie Ihrem Pickvogel Junge folgen lassen!

Vogel geflatter

Vögel gehören mit zu den beliebtesten Motiven im Origami.
Dieser stilisierte Faltvogel ist ein Origami-Klassiker. Er ist einfach zu falten und äußerst wirkungsvoll in der Erscheinung, da er seine Schwingen schlagen lassen kann.

- quadratisches Papier
- ab 6 Jahren
- mittel
- 3 Minuten

So wird der Vogel gefaltet:

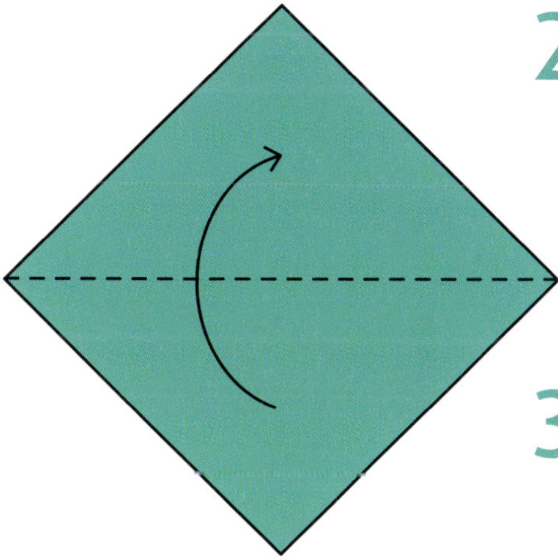

1 Nehmen Sie eine Kopftuch-Faltung mit einem quadratischen Papier vor.

2 Falten Sie Talfalten im vorderen Teil an den gestrichelten Linien, wie auf der Zeichnung zu sehen.

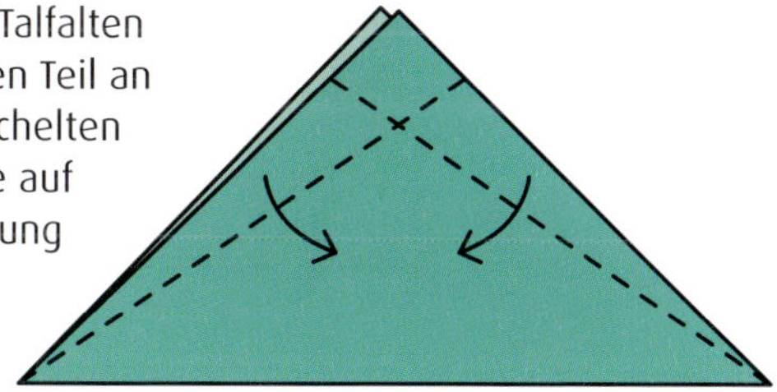

3 Öffnen Sie diese Faltung und falten Sie die rechte Ecke nach hinten auf die linke Ecke.

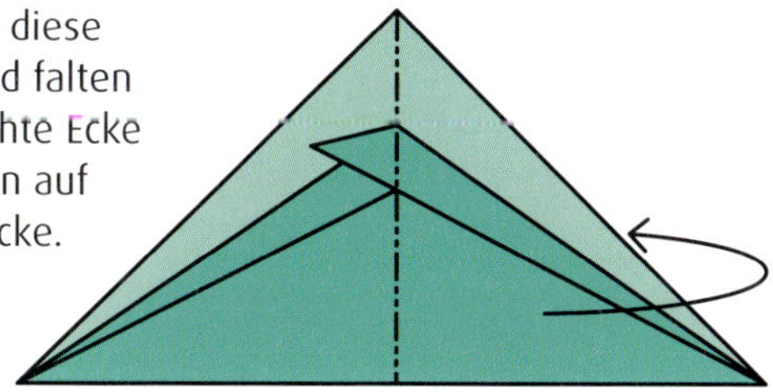

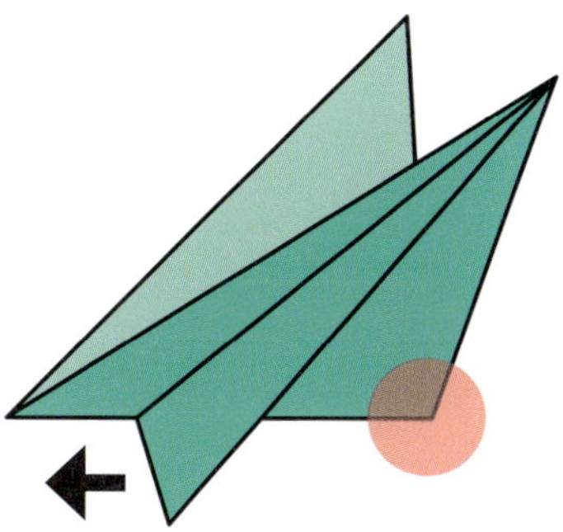

4 Drehen Sie die Figur, halten Sie den Vogel an der mit dem Punkt gekennzeichneten Stelle fest und ziehen Sie vorsichtig an der unteren Spitze. Die Flügel schlagen.

Das Modell passt gut in jeden »Origami-Zoo«.

Fingerpuppen theater

Vorhang auf für das Fingerpuppen-Theater. Sie können die kleinen, stabilen Tütchen auf Finger stecken und mit menschlichen oder auch tierischen Gesichtern anmalen. Aufgeklebte Wollfäden, Federn oder Watte erhöhen noch den Reiz Ihrer kleinen Theaterdarsteller.

- quadratisches Papier
- ab 6 Jahren
- mittel
- 3 Minuten

So wird eine Puppe gefaltet:

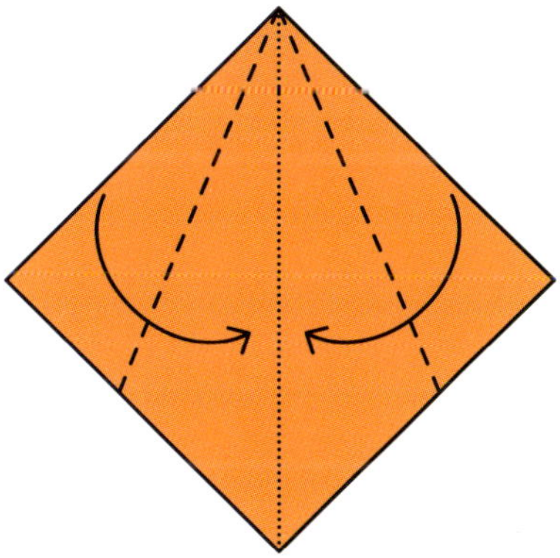

1 Falten Sie das quadratische Papier einmal diagonal. Wieder öffnen. Falten Sie die rechte und linke Ecke zur Mittellinie.

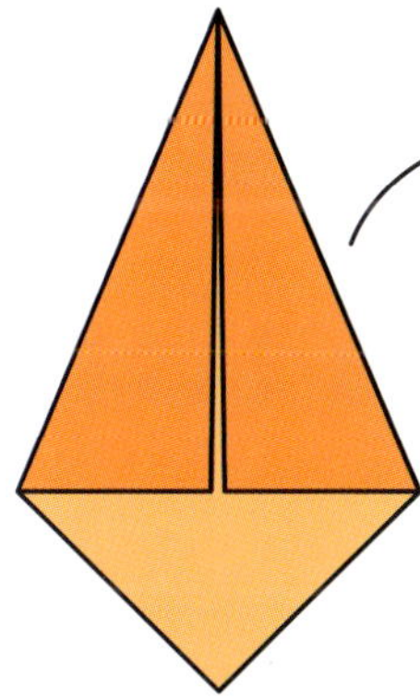

2 Wenden Sie die wie ein Drache ausschauende Arbeit.

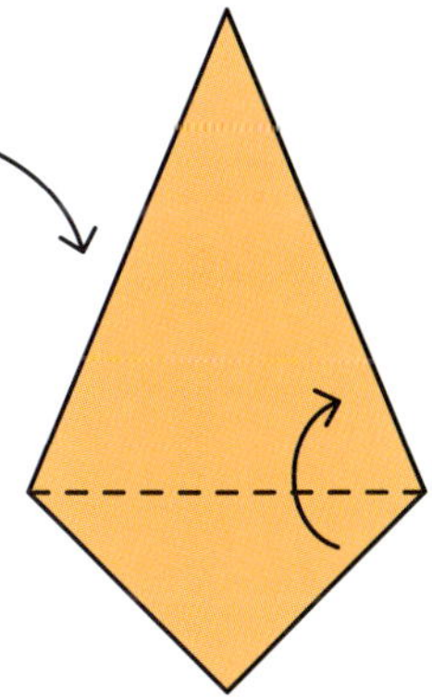

3 Falten Sie die untere Spitze in der gestrichelten Linie nach oben.

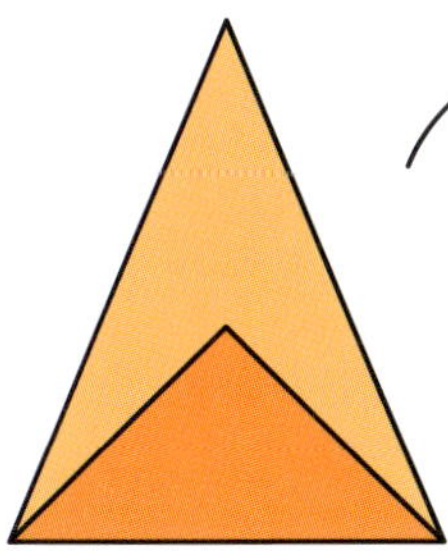

4 Wenden Sie Ihre Arbeit erneut.

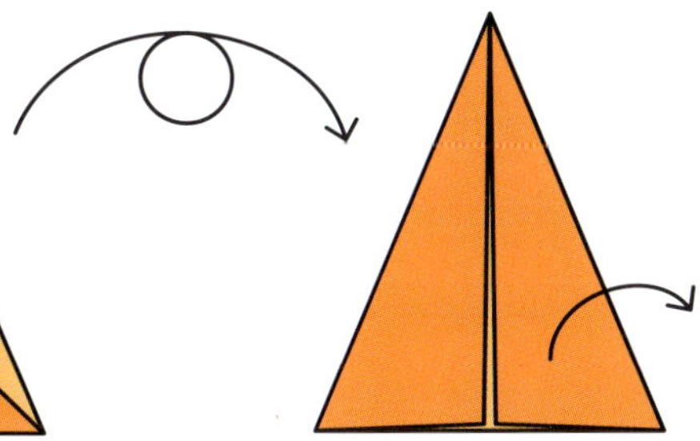

5 Klappen Sie die rechte Seite wieder auf.

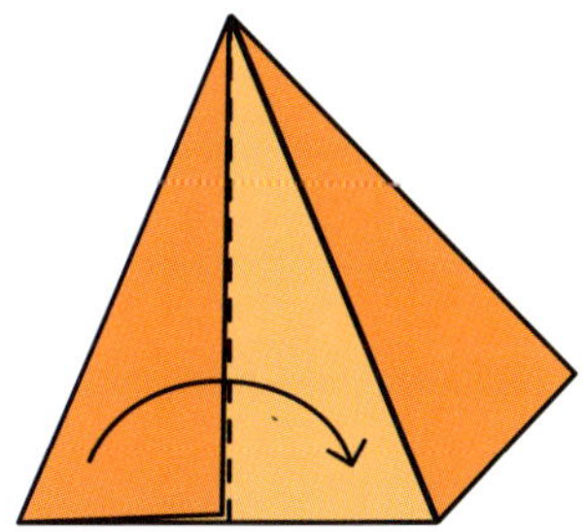

6 Schlagen Sie die linke Seite in der Faltung nach rechts.

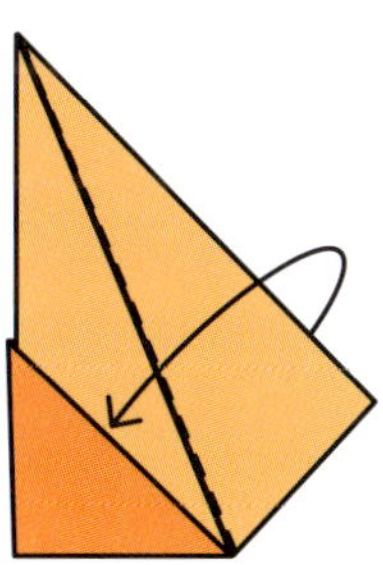

7 Klappen Sie die rechte Seite nach links und schieben Sie die Ecke in die entstandene Tasche. Schieben Sie Ihren Zeigefinger nun in die untere Öffnung und öffnen Sie die Puppe.

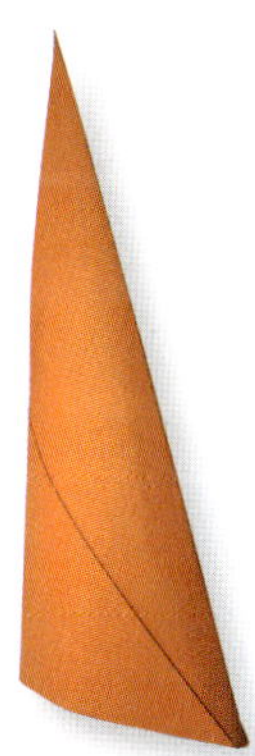

Sie können die Puppe auch mit einem kleinen Papierquadrat von etwa 10 x 10 cm versuchen. Gestalten Sie Ihre Fingerpuppe ganz nach Ihren individuellen Vorstellungen.

Himmel und Hölle

Jede Diagonale wird innen (nicht sichtbar von außen) in Rot und Blau ausgemalt. Das Spiel besteht darin, dass ein Spieler Himmel und Hölle geschlossen hält und der andere eine Richtung angeben muss, in der aufgeklappt wird. Bei Rot kommt er in die Hölle, bei Blau in den Himmel.

- quadratisches Papier
- ab 8 Jahren
- schwer
- 10 Minuten

So wird Himmel und Hölle gefaltet:

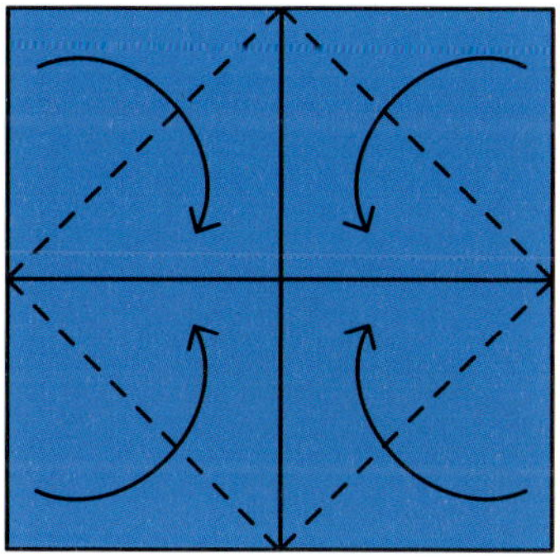

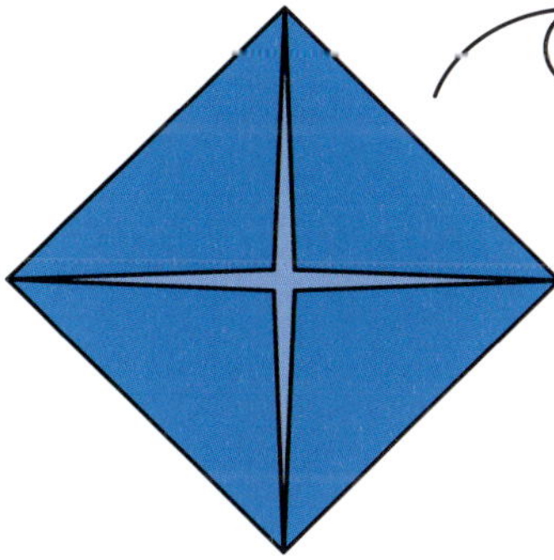

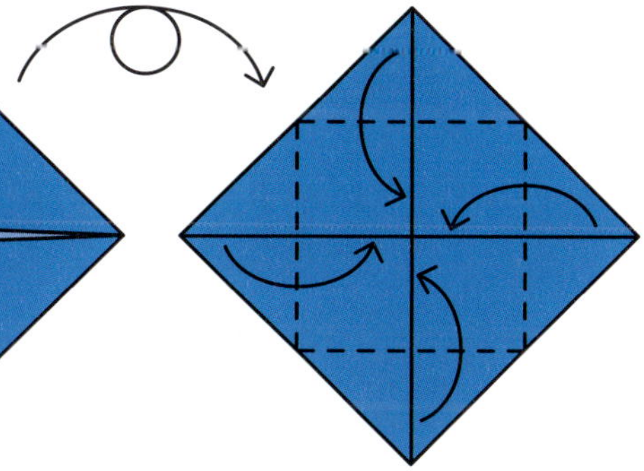

1 Fertigen Sie Talfalten in der Vertikalen und Horizontalen. Das quadratische Blatt wieder öffnen. Falten Sie die vier Ecken zum Mittelpunkt.

2 Wenden Sie Ihre Arbeit.

3 Falten Sie wieder die vier Ecken zum Mittelpunkt.

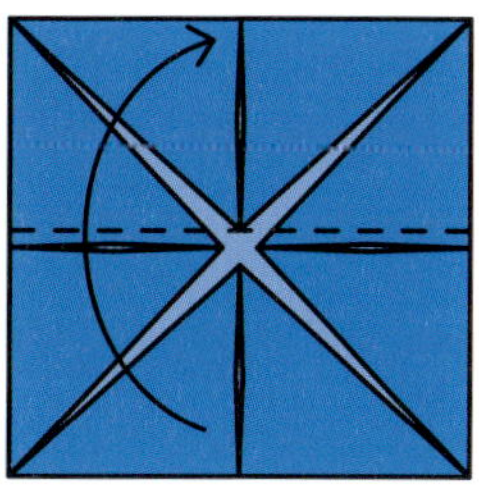

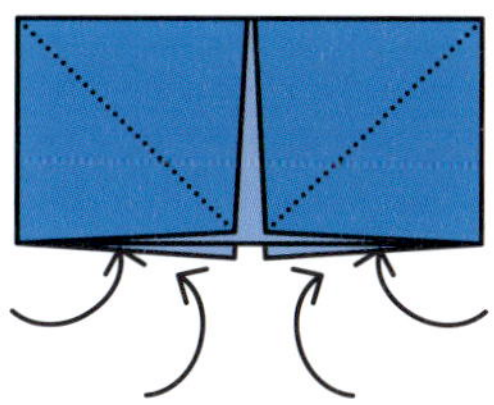

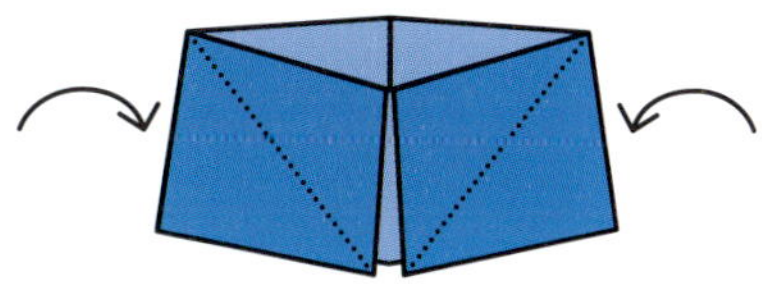

4 Falten Sie einmal horizontal in der Mittellinie.

5 Fahren Sie vorsichtig jeweils mit Daumen und Zeigefinger in die vier entstandenen Tüten.

6 Kippen Sie die vier entstandenen Spitzen nach innen zusammen.

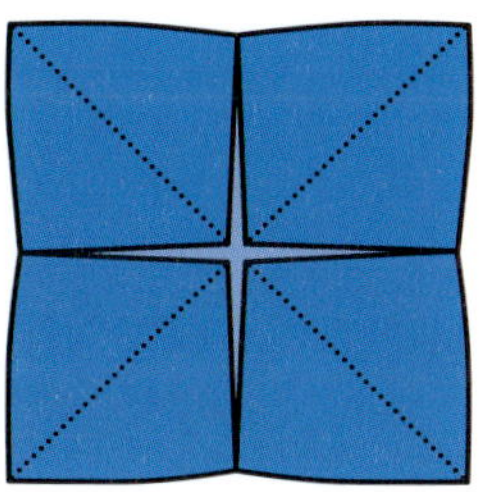

7 Sie können das Spiel horizontal oder vertikal kippen und die jeweiligen vier Felder in Rot oder Blau anmalen.

Schnell gefaltet erhalten Sie ein schönes Ratespiel für unterwegs!

Gras hüpfer

Dieses Origami-Faltmodell ist gar nicht schwer und erfreut mit seiner »Sprungkraft«. Aus gelbem und grünem Papier gefertigt, sieht der Hüpfer besonders realistisch aus, wenn er seine Saltos quer über den Tisch schlägt.

- quadratisches Papier
- ab 8 Jahren
- mittel
- 6 Minuten

So wird der Grashüpfer gefaltet:

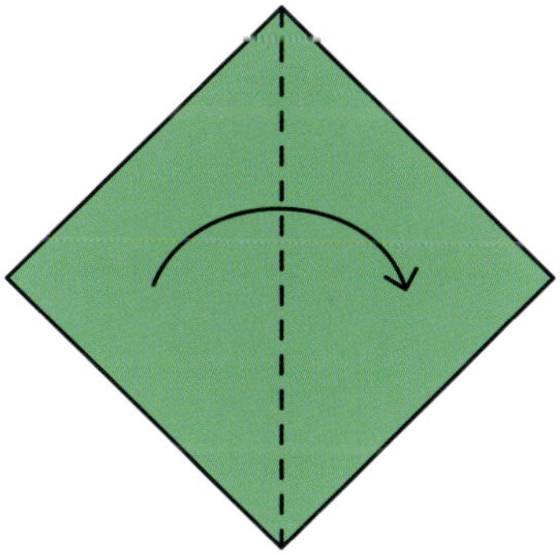

1 Falten Sie in ein quadratisches Papier in der Diagonalen.

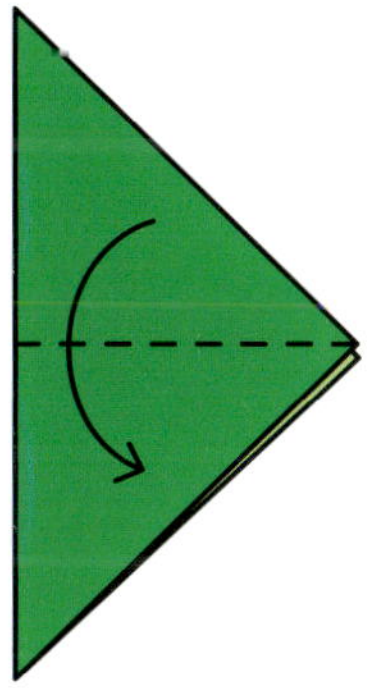

2 Schlagen Sie anschließend die obere auf die untere Ecke.

3 Falten Sie dann nur eine der unteren Ecken auf die obere Ecke.

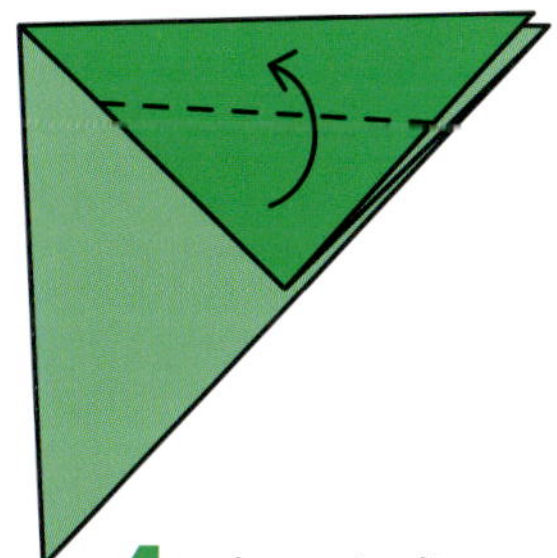

4 Falten Sie die gerade entstandene Ecke an der gestrichelten Linie nach oben.

5 Falten Sie die obere Kante in der gestrichelten Linie nach unten.

6 Wenden Sie die Figur und falten Sie die Rückseite gegengleich.

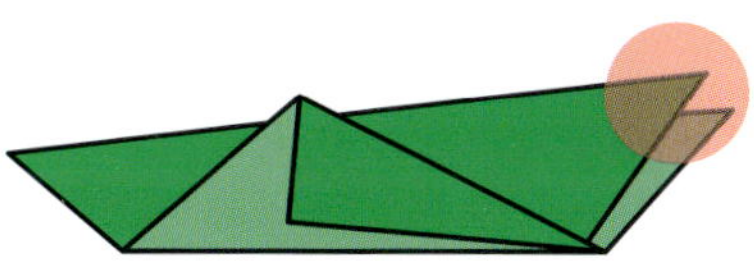

7 Durch ein leichtes Andrücken der hinteren drei Falten bringen Sie den Grashüpfer in Bewegung.

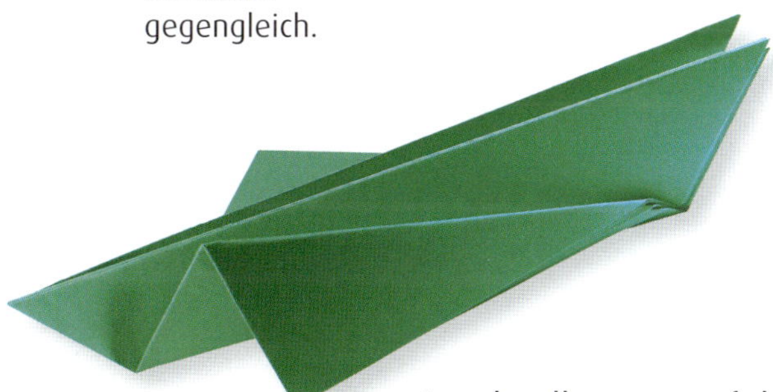

Je schneller man auf den Grashüpfer drückt, desto höher springt er seine Saltos.

Hand puppe

Diese Origami-Handpuppe kann zu einem lustigen Dialogspiel mit den Fingerpuppen kombiniert werden. Die Fantasie wird besonders angeregt, wenn das Faltmodell schön angemalt oder auch beklebt wird. Jeder bekommt eine Rolle, die er sich aussucht, und los geht das Theaterspiel.

- rechteckiges Papier
- ab 8 Jahren
- mittel
- 6 Minuten

So wird die Handpuppe gefaltet:

1 Falten und entfalten Sie das rechteckige Papier einmal längs in der Mitte. Falten Sie dann die vier Ecken zur Mittellinie hin.

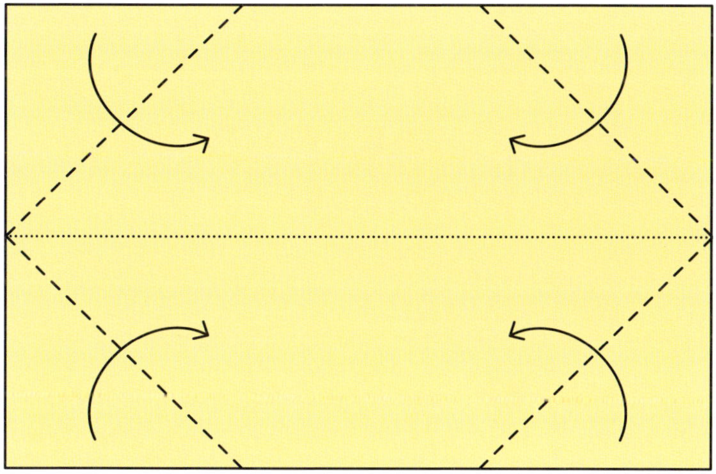

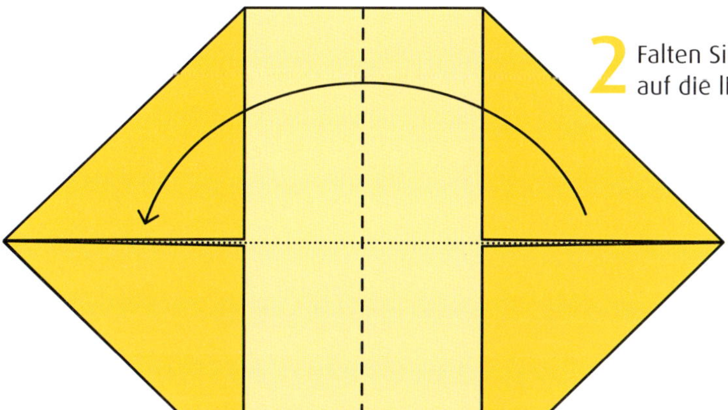

2 Falten Sie die rechte Spitze auf die linke Spitze.

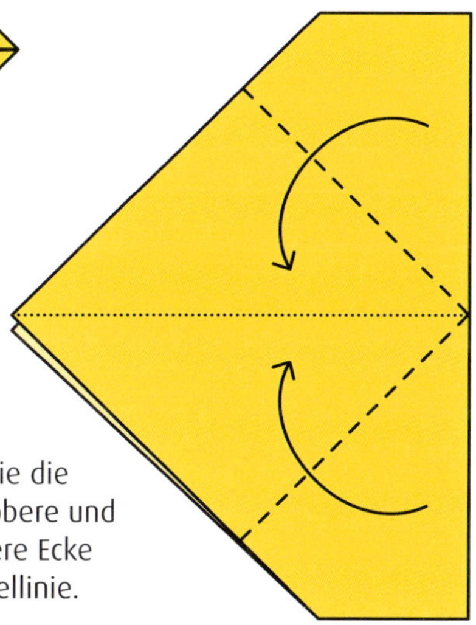

3 Falten Sie die rechte obere und die untere Ecke zur Mittellinie.

Weiter geht es mit der Handpuppe

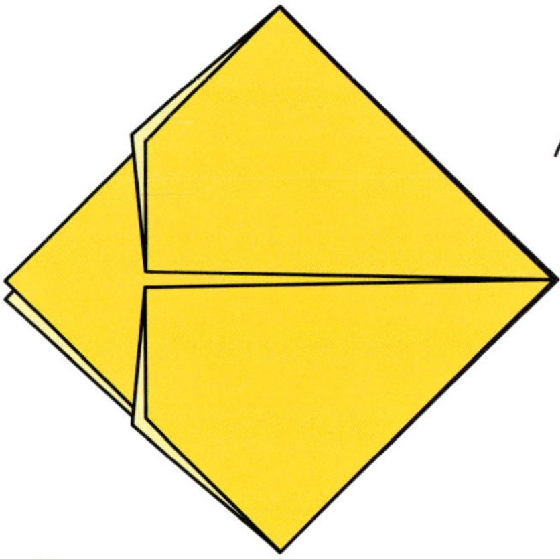

4 Wenden Sie die Arbeit.

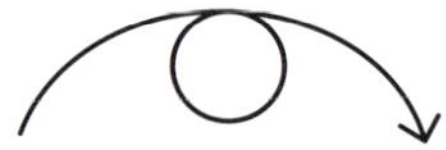

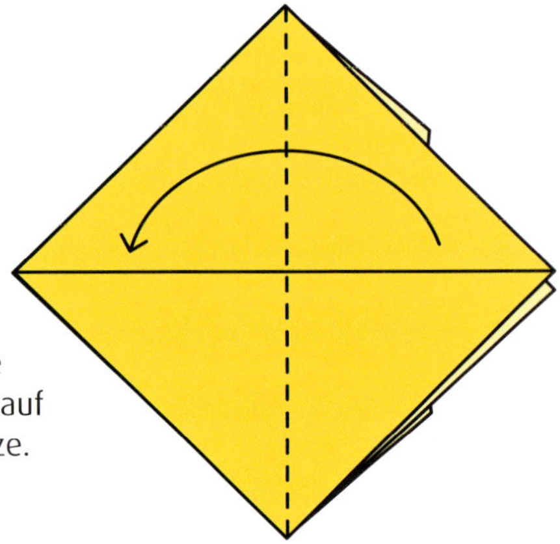

5 Falten Sie die obenliegende rechte Spitze auf die linke Spitze.

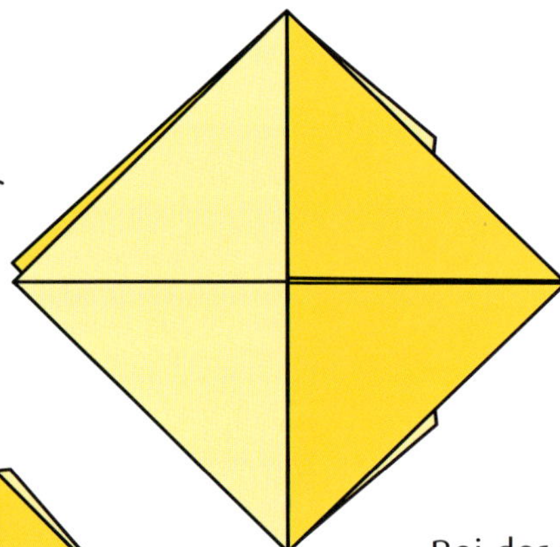

6 Diese Figur liegt nun vor Ihnen. Jetzt drehen Sie die Figur gegen den Uhrzeigersinn nach unten.

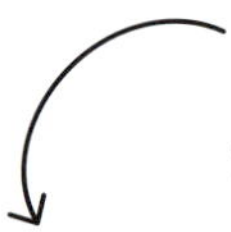

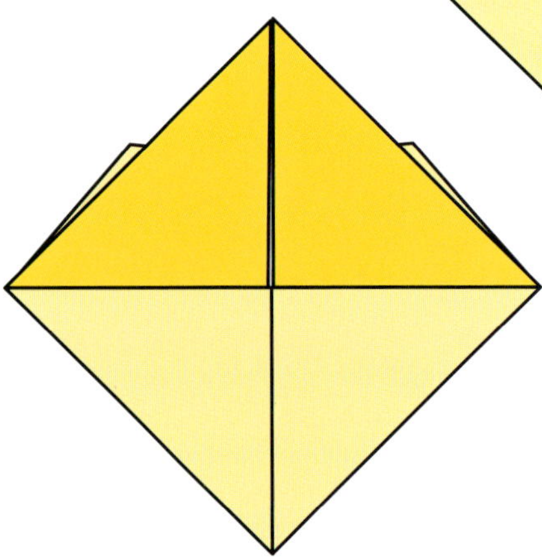

7 Augen und Schnauze auf das obere Dreieck malen oder kleben. Wenn Sie jetzt mit Daumen und Zeigefinger in die beiden hinteren Taschen greifen und diese bewegen, öffnet sich der Mund.

Bei der Gestaltung des Gesichts sind Ihrer Fantasie keine Grenzen gesetzt.

Hemd & Kragen

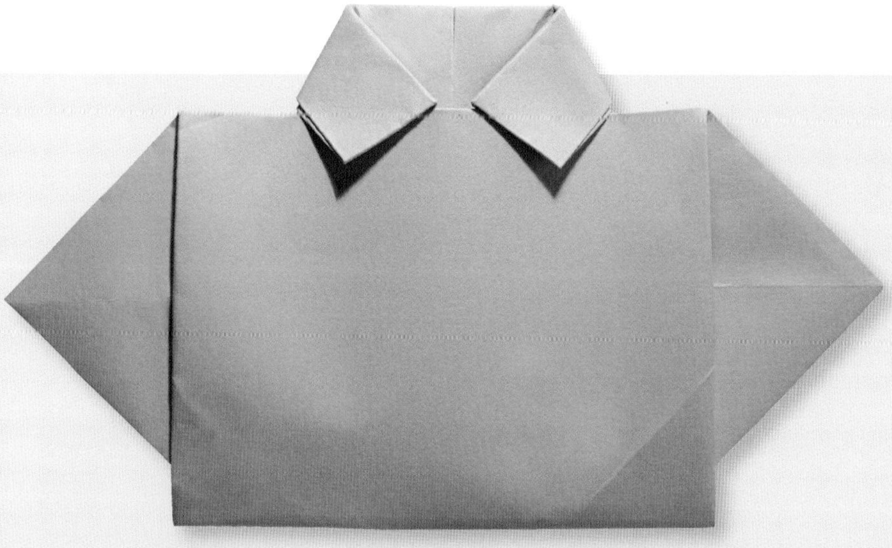

Wenn Sie dieses Faltmodell aus einem Geldschein falten, wird aus diesem Hemd mit Kragen ein gern gesehenes Geschenk, frei nach dem Motto: »Für Dich gebe ich mein letztes Hemd!«. Zum Üben sollten Sie jedoch erst einmal Origami-Papier nehmen.

- quadratisches Papier
- ab 10 Jahren
- schwer
- 8 Minuten

So wird das Hemd gefaltet:

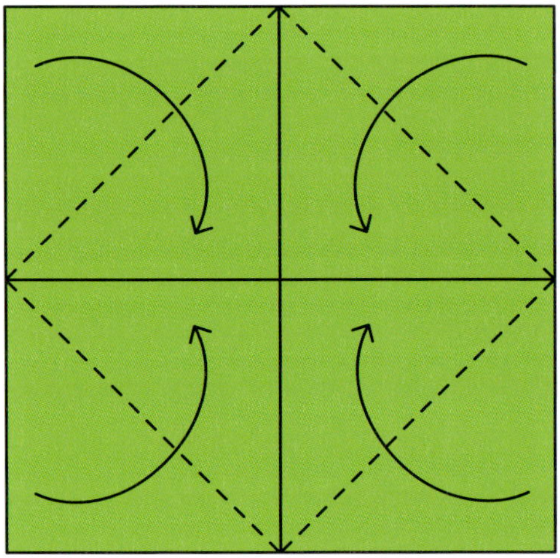

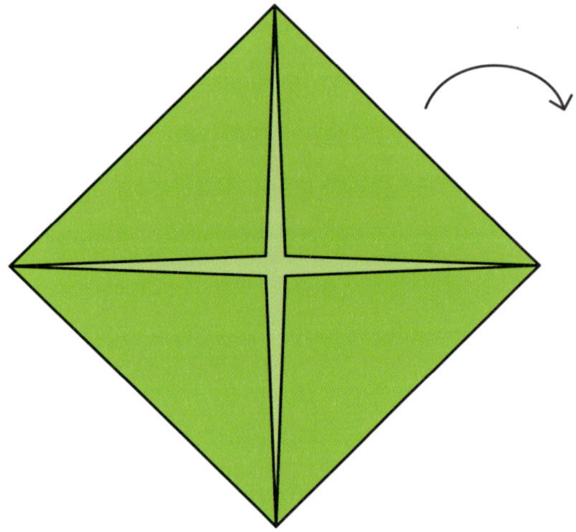

1 Bereiten Sie ein quadratisches Blatt vor, indem Sie eine Talfalte in der Senkrechten und in der Waagrechten machen. Falten Sie die vier Ecken dann zum Mittelpunkt.

2 Drehen Sie anschließend die Arbeit gerade.

3 Falten Sie die rechte und die linke Seite zur Mittellinie.

4 Falten Sie oben einen schmalen Streifen nach hinten.

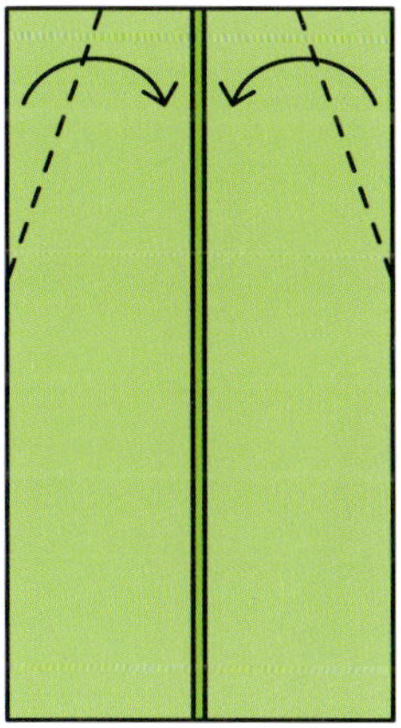

5 Falten Sie die rechte und die linke Ecke in der gestrichelten Linie nach vorne.

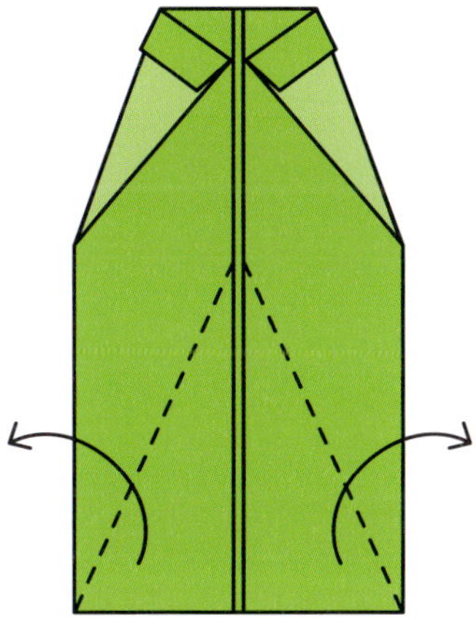

6 Falten Sie danach die inneren unteren Ecken in den gestrichelten Linien nach außen.

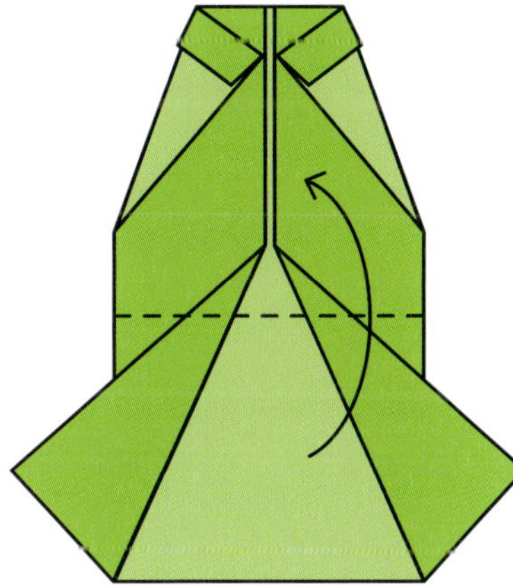

7 Falten Sie abschließend den gesamten unteren Teil nach oben unter den Kragen des Hemdes.

Dieses gefaltete Hemd ist mit einer hübschen Schrift auch ein tolles Namensschildchen auf Ihrer festlich gedeckten Tafel.

Bilder rahmen

Der Bilderrahmen für ein Foto, einen Brief oder ein Geschenk, kann auch wieder verschlossen werden.
So eignet er sich auch hervorragend zum Verschenken eines Gutscheins.
Diese Faltvorlage funktioniert auch gut mit einer normalen Papierserviette.

- quadratisches Papier
- ab 6 Jahren
- mittel
- 5 Minuten

So wird der Bilderrahmen gefaltet:

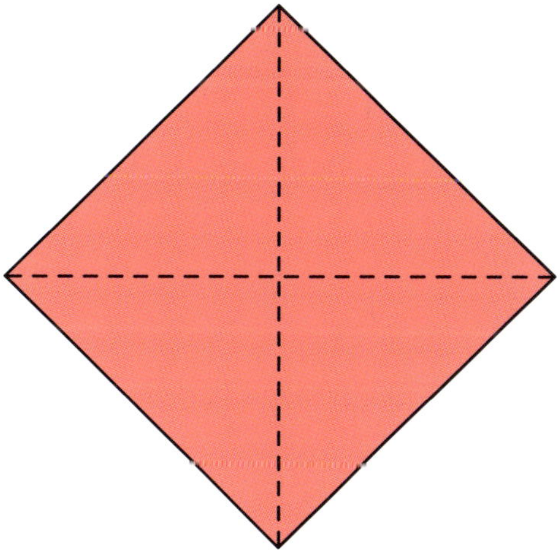

1 Falten Sie in ein quadratisches Blatt eine horizontale und eine vertikale Talfalte.

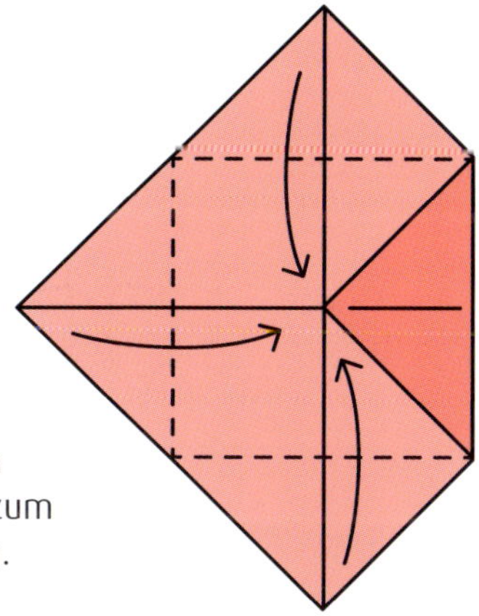

2 Falten Sie dann die vier Ecken zum Mittelpunkt hin.

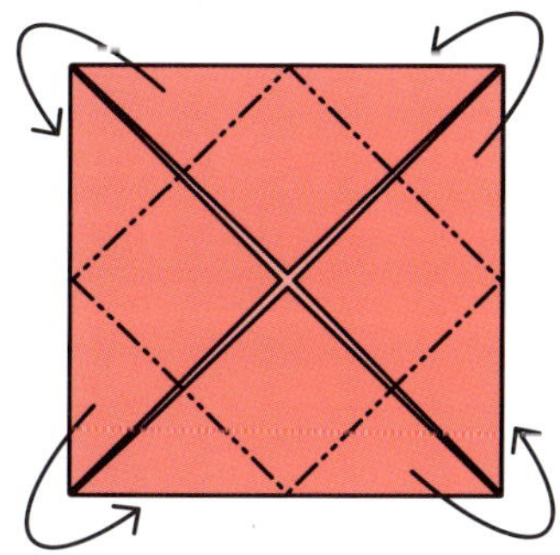

3 Falten Sie anschließend die vier Ecken nach hinten zum Mittelpunkt.

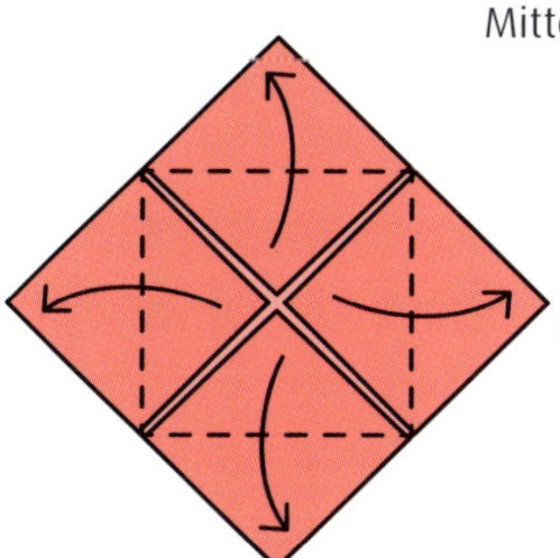

4 Falten Sie jetzt die vier Ecken von der Mitte aus zu den äußeren Ecken.

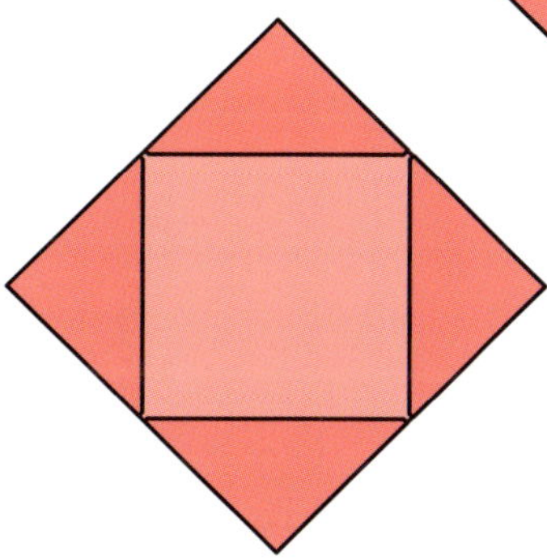

5 Drücken Sie abschließend die Falten gut an.

Drehen Sie den Bilderrahmen von der Spitze auf die Kante und falten Sie die hinten liegende Ecke nach unten, dann steht der Bilderrahmen von ganz allein.

Piano
welt

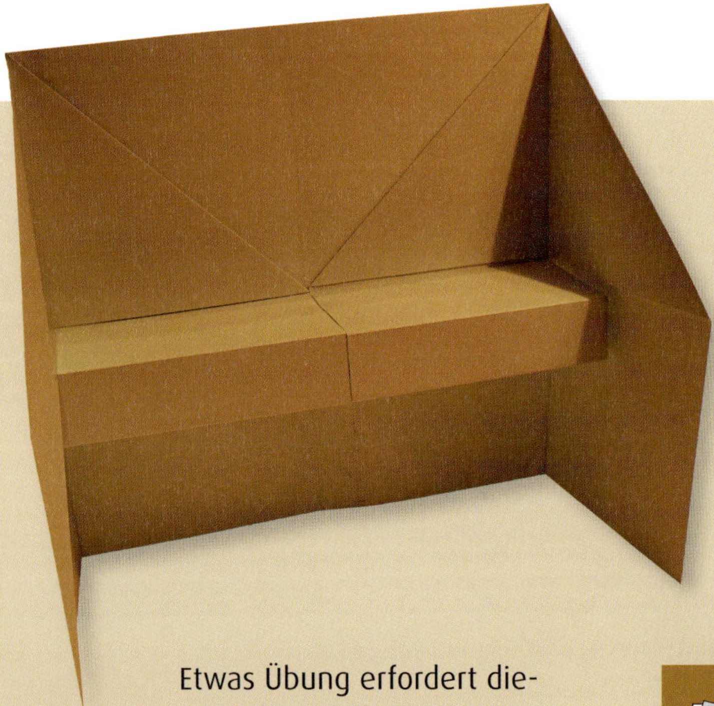

Etwas Übung erfordert dieses Faltmodell eines Pianos oder einer Sitzbank für die Puppenstube oder das Kinderzimmerregal. Platz nehmen kann darauf alles was schön ist und Beachtung finden soll.

- quadratisches Papier
- ab 8 Jahren
- schwer
- 10 Minuten

So wird die Sitzbank gefaltet:

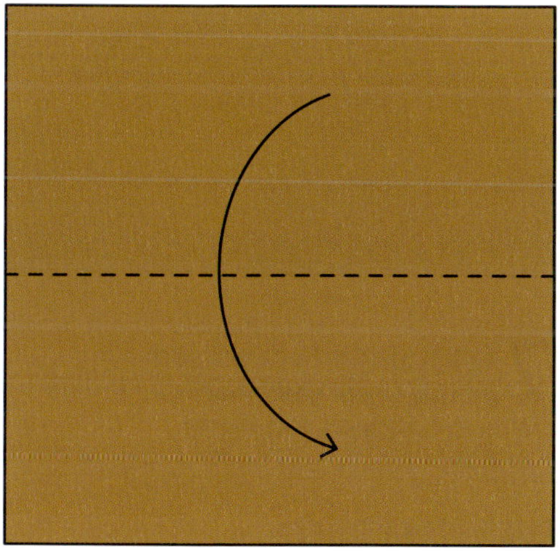

1 Falten Sie das quadratische Papier.

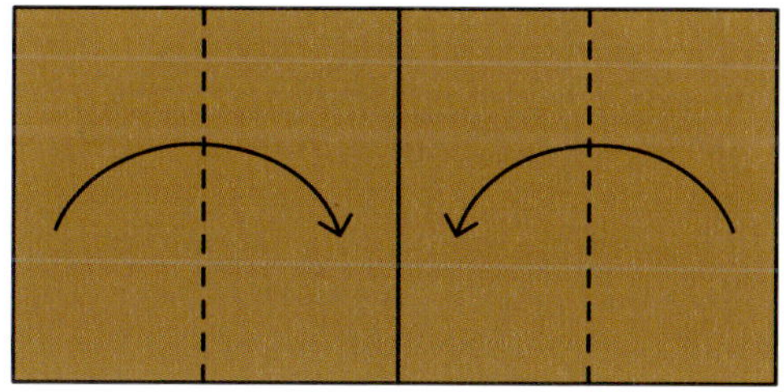

2 Falten und entfalten Sie die Form an der vertikalen Linie. Jetzt falten Sie beide Außenkanten zum Mittelbruch.

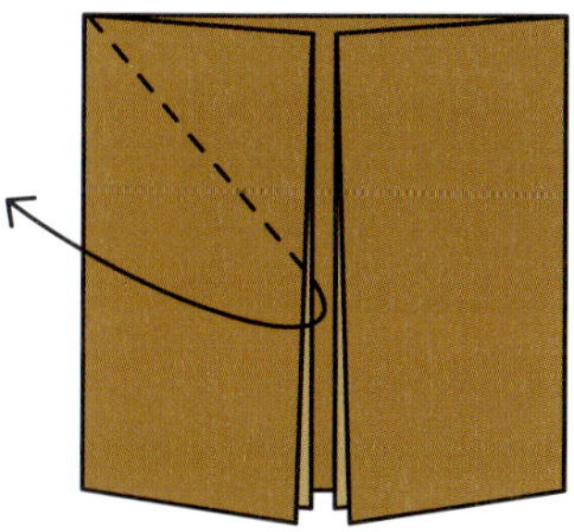

3 Falten und entfalten Sie die linke obere innere Spitze nach außen. Heben Sie jetzt die untere oberste Ecke an und legen Sie sie nach links. Dadurch entsteht oben ein Dreieck.

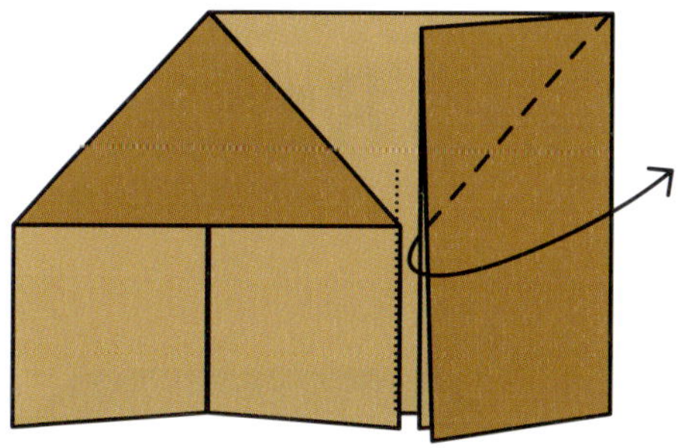

4 Verfahren Sie auf der rechten Seite auf die gleiche Weise.

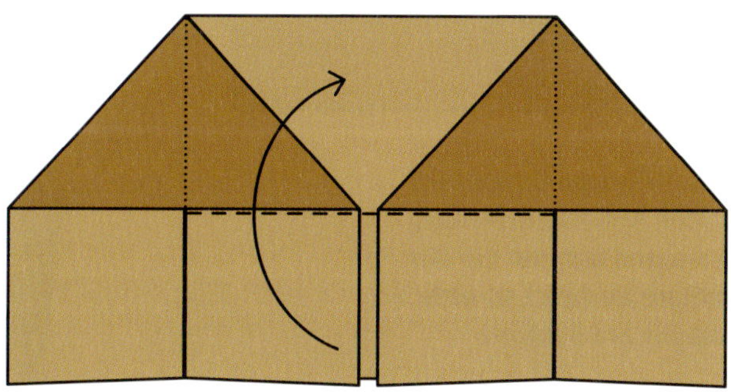

5 Falten Sie nun das in der Mitte freiliegende Rechteck nach oben.